JN084737

Encouragement of

Football Analyst

著 杉崎健

footballista

Contents

Prologue　プロローグ

「人間（あなた）の目は節穴である」

私は選手を前にしたミーティングを最初に行う際、チャンスがあるならばこの言葉からスタートする。

目的の1つは「この人はいきなり何を言っているんだ？」と注意を引き寄せること。こう言われると、選手によって受け取り方は分かれる。「何か面白いことを言ってくれそう」と期待する選手もいれば、「俺の目は節穴ではない」と否定的に捉える選手もいる。そこでこう続ける。

「節穴ではないと考えた人に言います。今あなたの目の前にプロのマジシャンが現れ、マジックを披露してくれたとします。ほぼ間違いなく、あなたはそのトリックを見抜けないでしょう」

もちろん、私もマジシャンではない。だが、この本を読み終わった時、こんな感覚を持ってくれたら幸甚だ。

「ズルかもしれませんが、私は自分の目を信じられません。だから、そのマジックを後ろから隠れて見て、その種を知りました。さらにインターネットでそのマジックについて調べることで、裏づけも取りました」

つまり何が言いたいかというと、物事を判断する時に大事なのは、1つの角度だけでなく多角的に見ること、あるいはアナログだけでなくデジタルを使うなど多重に考察することだ。

だからこそ、アナリストのことなんて知らないし信用もしていないかもしれないが、サッカーを多面的に見るという観点から、私が提示する情報や映像を存分に取り入れてほしい。そのための準備は怠らないし、成功に至れるように念入りに準備させてもらう、と。

アナリストの役割は異なる角度からのサッカーの解釈を選手や監督に与えること――まずは、その感覚を持ってこの本を読み進めていただきたい。

遅ればせながら自己紹介をさせていただこう。

私の名前は杉崎健。1983年生まれ。中学、高校とサッカーをプレーしていたがレベルは低く、高校を最後にプレーは辞め、大学に進んでからは主にプログラミングやアルゴリズムなどのＩＴを学んだ。卒業後、データスタジアム株式会社でサッカーのデータ入力やソフトウェアの営業等を経験し、２０１４年にヴィッセル神戸に加入することになった。その後、２０１６年にベガルタ仙台、２０１７年からは横浜Ｆ・マリノスにてアナリストとして活動した。

サッカーに関わり始めたのは幼稚園から。園内の小さなサッカークラブだったが、団子サッカーから区内の小さな大会に出るまでに至り、ポジションはＦＷだった。小学校ではトップ下で司令塔のような役割を担い、中学校では1年次にＳＢ（サイドバック）とサイドハーフ、2年次はサイドハーフ、3年次はトップ下でキャプテンを務め、高校では主にボランチで使われることが多かった。プレーヤー時代を振り返ると、結果的にほぼすべてのポジションを経験していた。そこで得られた「多角的な視点」が、今に生きているのかもしれない。

サッカーを見る方は、小学4年の時にJリーグがスタートし、開幕戦はテレビで見ていたように記憶している。中学時代にはセリエAを中心にチェックするようになっていた。なぜかラツィオを追っていたのを覚えている。ルカ・マルケジャーニ、パオロ・ネグロ、アレッサンドロ・ネスタ、シニシャ・ミハイロビッチ、ジュゼッペ・ファバッリ、ファン・セバスティアン・ベロン、ディエゴ・シメオネ、パベル・ネドベド、ジュゼッペ・シニョーリ、エルナン・クレスポなど、今振り返ると錚々たるメンバーだ。チェックしていたと言っても、当時ラツィオのゲームは全試合を放送しておらず、まだインターネットがそこまで普及していない時代だったため、ＡＤＳＬ回線を使ってイタリアの『ガゼッタ・デッロ・スポルト』のＷＥＢテキスト速報を夜中3時から見ていたものだ。もちろん、イタリア語はわからない。単語を拾っては調べ、何が起きているのかを想像していた。別の試合も同時に追いながら、順位変動を考えながら一喜一憂するという、かなり変態的な中学生だったかもしれない（笑）。

高校に進学すると、世の中はインターネット時代へと突入していた。これからの時代はＩＴなどの情報処理能力に強い人材が必要とされるという多方面からの意見を信じ、それに合った大学を選ぶこととなった。幸い、小さい頃からソロバンを習っていたことも相まって、私は数字やパソコンが好きだった。そこでサッカープレーヤーを目指す夢を諦め、別の道を選んだ。

大学2年の終わり頃、フットサルサークルの先輩からデータスタジアム株式会社のアルバイト募集の話を聞く。サッカーの90分におけるデータ入力という内容だ。誰が、どこで、何をしたという内容のプレーを、ワンプレーずつ映像を止めながら専用のソフトウェアに入力していくもので、1試合すべて入力し終わるまでに10時間程度かかる。気の遠くなるような作業だが、私にとってはこれまでの自分の特徴や趣向がマッチしていて、楽しささえ感じていた。ただ入力していくだけでなく、各チームの戦術や選手の特徴が見えるし、次にどういうアクションになるかを予測しながら行っていた。Jリーグだけでなく UEFAチャンピオンズリーグなど海外の試合も入力するようになり、その知見や知識も深められた。

その後、正社員として就職すると、対クラブへの営業を任される。主に分析や検索ができるソフトウェアの販促や、契約中のクラブに対するITサポートや分析サポートが業務の中心だ。そこで数多くのクラブとやり取りさせていただいた。プロ選手の経験もなければ高校時代で選手権に出たわけでもない人間が、プロの人たちを相手にプレゼンテーションや提案をするわけだ。そのため何試合も見たり何万ものデータや数字とにらめっこするなど、それ相応の準備をしていた。この仕事では中学時代のクレイジーさが生きたのかもしれない。

そんな中、サポートをしていたクラブの1つであるヴィッセル神戸の安達亮監督からテクニカルスタッフとしての入団を勧められる。2013年のことだ。まだトラッキングデータが浸透していなかった頃だったが、ヴィッセル神戸はいち早くそのシステムを導入し、データ分析の最先端を行っていたクラブの1つであった。今では走行距離やスプリントなどのデータは当たり前のようにJリーグ公式サイトに展開され、ホームページをのぞけば誰でもチェックできる。しかし当時はまだ全チームのデータもなく、その活用法を見出すのに必死だった。データスタジアム時代からよく電話やメールで安達監督とコミュニケーションを取っていたが、最善策は見つけられなかったように思う。クラブのスタッフではないため深入りできない部分があること、加えて私は別のチームのサポートも兼ねていたので1つのクラブに専念できなかったことも要因だった。それを解決するために、安達監督から入団を勧められたという流れだ。私自身、これまでの経験をプロの現場でどれだけ生かせるのか、チャレンジしたい気持ちが強かった。こうして2014年、プロクラブで仕事をスタートさせていただく機会を得ることとなった。

この本はそこからヴィッセル神戸、ベガルタ仙台、横浜F・マリノスでアナリストとして活動した7年間で私が培った経験や知見を記すもので、これから先に重要度が増すであろうテクニカルスタッフやアナリストという「裏方」の存在を広めることが大きな目的だ。そこから派生して、アナリストを目指す人、指導者を志す人、戦術ブログを書く人、サッカーの見方を広げたい人、サッカーに関わるすべての人に、何か1つでも訴えかけられるものがあるはずという想いも込めている。

では具体的に、テクニカルスタッフやアナリストとは何なのか、さっそく掘り下げていこう。

Introduction

アナリストとは何なのか？

「複雑なもの」を「分解する」人

まずアナリストの役割を語る前に、そもそもアナリストとは何かを確認しておこう。あなたはアナリストと聞いて、何を（誰を）想像するだろうか。少々堅苦しい話になるが、その単語を辞書で引いてみる。

【アナリスト】

1　精神分析医。
2　企業や産業界の動向を調査・分析して、投資家に役立つ情報を提供する専門家。証券分析家など。
3　社会情勢分析家。
4　試合状況や相手チームなどを調査・分析し、コーチや選手に情報を提供する専門家。

この中で最もポピュラーなのは、証券分析家（証券アナリスト）や投資家の人たちかもしれない。これらに総じて共通するのは、「分析する」点だろう。では、分析とは何か同様に調べてみる。

【分析】

1 複雑な事柄を一つひとつの要素や成分に分け、その構成などを明らかにすること。
2 哲学で、複雑な現象・概念などを、それを構成している要素に分けて解明すること。
3 物質の組成を調べ、その成分の種類や量の割合を明らかにすること。

つまり、「アナリスト」とは「複雑なもの」を「分解する」人と言えるだろう。正確に物事を分解するには、あらためて物事を根本から定義しなければならない。

では、サッカーとは何か。

このスポーツの構造は、11人対11人で主審が1人、副審が2人、ボールが1つ。また監督、コーチ、メディカルスタッフ、控え選手らがベンチに座り、主審の控えとメンバー交代時のアナウンス役などで第四審判がいる。ピッチは縦105m幅68m。ピッチサイズに上限下限の幅はあるものの、プロの公式戦ではこれがベースだ。そこにセンターサークル、ペナルティエリア、ゴールエリアなどの「ライン」が加わり、45分ハーフの90分、ハーフタイムは15分という「時間」のリミットが与えられる。

ここまではサッカー好きならばご存知かもしれないが、ピッチ内の各エリアの長さについてはどうだろうか。意外に知らないことも多いのではないか。

ピッチ上にはいくつかの「距離」が存在する。ペナルティエリアの縦幅は16・5m、センターサークルの半径は9・15m、ピッチ全体の縦幅を半分にするとゴールラインからハーフウェイラインまでは52・5m。したがって、センターサークルの端からペナルティエリアまでは約27mとなる。さらに、ゴールの幅は7・32m、ペナルティエリアの横幅は約40・4mになる。

その他にもあるが、それらをすべてスラスラと言える人はどれだけいるだろうか。これが何を意味するかはのちに取り上げるが、サッカーを分解していくアナリストという仕事においては、このピッチのサイズ感を理理解しているか否かで分析結果が変わるので覚えておいてほしい。

同時にサッカーは「大きな自由度」と「三次元のボール」を持つスポーツだ。ずっとボールを持っていてもいいし、前に蹴っても後ろに蹴っても、バウンドさせても、浮かせてもいい。バスケットボールの選手がずっとボールを持っていたら24秒ルールなどに引っかかるだろうし、ラグビーの選手がボールを前に投げてしまったらスローフォワードの反則を取られる。野球のピッチャーがバウンドする投球を続けていたら四球になるだろうし、(例外はあるものの)ホッケーは基本的にボールを浮かせてはいけない。こういった他のスポーツでは行えない行為が許されているサッカーは、自由度が大きく、ボールを三次元で扱えるスポーツだと言える。

とはいえ、ピッチのサイズやルールだけを覚えるのであれば、ルールブックを暗記すれば誰でもできるだろう。当然それだけではサッカーとは何かを説明するには不十分だ。重要なのは、サッカーは「人間が」走りながらボールを足で蹴り、相手に奪われないようにしてゴールを取りに行かなければならないスポーツだということ。「人間が行うスポーツ」と言うと当たり前に感じるかもしれないが、意外と見落とされている点である。

人間が行うので数字通りにはいかない。プレッシャーに強い選手もいれば、弱い選手もいる。ミスをして落ち込む選手もいれば、気にしない選手もいる。周りの目を気にする選手もいれば、周りに目を配れる選手もいる。様々な性格を持つ11人が1つのチームとしてピッチ上でプレーしている。

このように「複雑なサッカー」を総合的に理解して、分解して、対策を練ったり強化に繋げる役割を担う人のことを、「アナリスト」と呼ぶのである。

日本サッカーにおけるアナリストの実情

では、日本のサッカー界でアナリストという肩書きを持つ人はどれくらいいるかをご紹介しよう。

Jリーグは2020年時点で、J1からJ3まで合わせて56クラブあったが、アナリストという肩書きを持つ人は片手で数えられるくらいしかいなかったのが現状だ。しかし厳密に言うと、アナリストがいないわけではない。別の肩書きで登録されている人の方が多いのだ。

私がプロの世界に入ったのは2014年、ヴィッセル神戸に加入した。その当時、各クラブで「アナリスト」という肩書きを持つ人はいなかった。私もそうで、最初は「分析担当」だった。他のクラブでは、「テクニカルコーチ」、「テクニカルスタッフ」、「データ分析コーチ」などがメインだったと記憶している。とはいえ、その人たちを含めても、実質アナリストの仕事をしているのは20人もいなかったのではないか。

海外ではTechnicalとつく役職は少なく、Opponent AnalystやPerformance Analystなどのように何を分析する人なのかを表した役職が多い。ビッグクラブとなれば、アナリストだけで3〜4人ほど所属しており、自チーム、相手チーム、コンディション、データ分析などそれぞれの分野に特化した形で採用されている。実際に2019年夏の親善試合で対戦したマンチェスター・シティには、アナリストが4人も同行していた。試合が始まるとスタンドで1人が撮影を開始。パソコンと向き合っている残りの3人は、ハーフタイムになるとすぐさまロッカールームへと駆け降り、チームに情報を共有していた。ところが日本では、テクニカルコーチなどをアナリストと捉えたとしても、各クラブに1人。2人置いているクラブはほとんどない。それでも以前に比べれば増えた方だ。当時は1人も置かず、コーチが兼任して映像編集や分析などを行っているクラブが多かった。

日本の場合は、テクニカルコーチなどの肩書きで登録されているアナリストが多いが、名前が違うからと言って役割が違うことはおおよそない。映像編集や対戦相手の分析を任されている。

私は2017年の終わりにクラブに「テクニカルスタッフ」から「アナリスト」へ名称の変更を申し出た。海外クラブのアナリストやスタッフらとやり取りする場合、テクニカルスタッフと伝えても通じないことが多かったからだ。直訳すると専門的指導者のようになるが、彼らにとっては「何の」専門なのかわからなかったのだろう。海外ではテクニカルという単語を肩書きとして使うケースがないため、たいていの場合、「で、君は何を担当しているアナリストなんだ?」と問われた。

もう1つ、アナリストという名称を広めたいという想いもあった。海外の真似をしたいわけではないが、いずれ日本サッカーもアナリストという言葉が浸透し、その母数も増えていくだろう。自分たちの仕事に名前がつくことは存在の認知に繋がる。サッカーを総合的に理解して、分解して、対策を練ったり強化に繋げたりする人＝アナリストと定義づけしたかったのだ。

２０２１年現在、日本サッカーではアナリストの肩書きを持っている人はまだ少ない。テクニカルコーチや分析担当など名称もバラバラのままだ。だからこそ、この本を出すことでアナリストとは何なのかを知ってもらい、名称は違えども役割が同じ人たちも含めて、アナリストであると認識してもらいたい。

多種多様なアナリストへのキャリアパス

さて、いくつかの名称で活動しているアナリストたちだが、キャリアパスもまた様々である。私は先述のように取引先としてサポートしていたクラブの監督からお話をいただいたが、同じように別会社でソフトウェアの販売とサポートを行っていて、クラブからオファーをもらったケースもある。また、大学サッカーで指導経験を積み、同時に映像処理などを学び、卒業と同時に声がかかったケースもある。その場合の多くは、すでにクラブで働いていたアナリストの後輩だったり、大学とクラブの繋がりがあるケースが多い。興味深いのは、コーチの場合は元プロサッカー選手が引退後に就任する「元プロ」が多いが、アナリストは与えられる役割の多くが分析や映像編集であるため、極端な例にはなるがスキルさえあればサッカー経験がなくても構わない。そのため、今後は大学などでITやソフトウェアの勉強をし、加えてサッカーへの理解力を深めた「現場未経験」の人材の採用が増える可能性もある。実際、海外では客観的な視点をもたらす意味で、提携先の大学からそういった人材を採用しているクラブもあると聞く。ただ、何試合も映像を見て分析するための集中力や根気のようなものが必要であり、単純にパソコンやITの知識だけあっても難しい。さらに言えば、指導者ライセンスを保持している方が監督や選手からの信頼度も得られるだろう。

以前はアナリストという名前の役職がなかったためクローズアップされることは少なかったが、今は違う。各クラブもこの分野への関心が高まり、積極的に採用し始めている。もしあなたがアナリストを目指しているのならば、固定の経路はないし、どこにチャンスが転がっているかわからないので、諦めずにその目標に向かって歩みを進めてほしい。そのために、アナリストとは何なのか、どんなスキルがどのレベルで必要なのか、どうサッカーを理解しておくべきかなどを、しっかり整理しておく必要がある。

1つ断っておくと海外ではアナリストに専門性が求められるのに対して、少ない人数で仕事を回している日本では何でもできるゼネラリストが求められる傾向にある。もしかすると、海外でアナリストを目指す場合と、日本でのそれとは必要なスキルが異なるかもしれない。将来的に日本でもアナリストの需要が高まりスタッフの数が増えてくると、より専門色が強くなると思うが、まずは日本サッカーにおけるアナリストに求められるスキルを確認してみよう。

Method 1 Skill

アナリストに求められるスキル

アナリストとは何か、日本におけるアナリストの現状はどうなっているかは、ある程度ご理解いただけただろう。では実際にアナリストとして活動している人たちは、どのようなスキルを持っているのか、あるいは求められているのかを読み解いていく。

まずスキル（Skill）という言葉だが、手腕や技量、特殊な技能や技術を意味する英単語で、能力（Ability）とも言い換えられる。「特殊な」がつくといかにも専門性が見え隠れするが、これから後述するアナリストが持つ能力の内容は特殊でも何でもなく、鍛錬すれば誰でも身につけられる技術である。表に出ることが少ない職業ゆえにその能力は不明瞭かもしれないが、一つひとつ読み進めればアナリストへの理解度が上がるはずだ。

サッカーを見る力、まとめる力、伝達する力

まずは基本的なスキルとして、サッカーを見る力が必要だ。観る（Watch）ではなく、見る（See）である。チャンスやピンチに一喜一憂し、ワンプレーごとに感情が変化するのはファン／サポーターの楽しみ方だが、それは観るであり、見るではない。ある得点が

生まれた場合、それは何分に発生し、どこからスタートし、誰を経由して、どこのスペースを使って、どのような流れで、なぜ発生したのかを理解する。これがアナリストに求められる「見る」である(特に得点シーンに限らないが)。

つまり、5W1Hをシーンごとに見続けられる能力が求められる。サッカーとは何かを理解しつつ、さらに記憶をたどりながら見るのは「特殊な」能力だと思われそうだが、鍛錬すれば誰でも習得できる。要はこの観点で見るようにすればいいのである。今の時代はスタジアムにいても家で試合を見ていても、スマートフォンなどのデバイスで「リプレイ」や「巻き戻し」が可能だ。最初のうちはこれらを駆使して振り返りながら見ていると、その力がついてくると思う。何を隠そう、私も昔からこれを実践している。

見る力を持っているアナリストや解説者などは、こういう話ができる。例えば、攻撃側のチームが30秒間ポゼッション(ボールを持つこと)していたシーンだ。

「このチャンスは30秒前くらいに○○から始まり、△△を経由したこととFWがサイドに流れたことで生まれたスペースに、トップ下の選手が入り込んだために生まれましたね」

こう見るには、慣れが必要だ。

もちろん、前述の観点を持つことが前提条件である。さかのぼれば、私はデータスタジアム時代に経験したワンプレーごとのデータ入力作業が今に活きているように思う。いつ、どこで、誰が、何を、なぜ、どのようにして行ったのか。事細かに記録していたことで、自然とこの観点を持てるようになったのかもしれない。専用のソフトウェアがなくても実践できるため、試しにキックオフから5分間だけ、紙でもいいのでワンプレーごとに記録することに挑戦してみてほしい。今までなんとなく流していた部分が見えてくるだろう。しかし、察しの良い人であればここまでの文を読んで以下のことに気づくはずだ。

「相手のことを見ていないじゃないか」

鋭い指摘である。アナリストに求められるサッカーを見る力とは、ボールを持っているチームの5W1Hを追うだけではない。そこに相手の情報を加えて理解／把握することである。

さあ、いよいよ難しくなってきたと思うかもしれない。片方のチームに関しては5W1Hをもとにようやく細かく見られるようになってきたし思ったら、相手の配置や狙いまで見られていなかった、と。ただ、安心してほしい。その両方が見られるようになったあなたは、プロのアナリストとして活動できるほどの「目」を持っていることになる。今は難しくても、後述するサッカーの見方を実践すれば、それが可能になる日も遠くはないだろう。その詳しい内容については追ってお伝えするとして、次にサッカーを「まとめる力」と「伝達する力」について記していこうと思う。

アナリストに求められるスキルの中で、この2つの力が最も重要と言っても過言ではない。能力の優劣を決めるものと言ってもいいだろう。ただでさえ、見ることに関して難しさを感じていると思うが、それをさらに「まとめて」、「伝え」なければならないのだから複雑さは明らかだろう。それを実践するには、様々な異なる能力が必要になってくる。「文章力」、「構成力」、「デザイン力」、「情報処理力」、「語彙力」などだ。ただ、すべてを完璧に備えているアナリストはいない。私は文章力がないし、デザインのセンスもなければ語彙力にも乏しい。その中で私が大事にしている要素がある。複雑になりがちな要素を解きほぐすための「わかりやすさ」と「ストーリー性」だ。

過去、私がある大学のサッカー部のアドバイザーをしていた頃の話だ。ある試合の分析レポートを提出してくれた学生がいた。その時のことを引き合いに出してみよう。

そのレポートは、構成的にも語彙力的にも整理されていた。しかし、詰め込み過ぎていて、それぞれの内容に矛盾点もあった。わかりやすさを求めて箇条書きにしてくれた部分もあったが、それぞれに関連性がなく、バラバラの内容の羅列になっていた。一つひとつの項目は目のつけどころが鋭く、しっかり相手のことを考慮した内容であったが、ストーリー性に欠けていたのである。

「まとめる」のだから情報を整理するのは当たり前だが、これに時間を取られ過ぎてストーリー性を忘れてしまうことがある。その理由は、膨大な情報量にある。

サッカーとはオン・ザ・プレーと呼ばれるボールを触ったプレーと、オフ・ザ・プレーと呼ばれるボールに触れていないアクションに分かれるが、前者だけに絞ったとしても、1試合で両チーム合わせると2000プレーを超える。後者に至っては、桁が違う。トラッキングデータと呼ばれる走行距離などのデータが出回るようになった昨今では、1選手あたりの走行距離はおおよそ10㎞前後という数字が出ており、それが11人いるのでチームトータルでは110㎞前後の数値となる。これら膨大なデータを「まとめる」ことに精一杯になり、ストーリー性を考えられなくなってしまうのだ。それだけの情報量なのだから、要点を絞った上でストーリー性を持たせなければ、焦点がバラバラになり相手の頭に伝えたいことが何も入っていかなくなる。

この学生のレポートの話だけでなく、サッカーを語る人たちにも言えることだが、情報の整理はできていても、ストーリー性を欠くケースが多い。それは時系列の話かもしれないし、過去・現在・未来の話かもしれない。あるいは局面を順々に追うことかもしれないし、チームから個へという単位の話かもしれない。私はこのストーリー性を大事にしながら、レポートだけでなく映像編集にも取り組んでいる。それはそのまま「伝達する力」として応用できるからだ。

サッカーを自分の目で見てまとめたものを他者に伝える場合、手法はいくつかあるだろう。「レポートを渡す」、「映像で見せる」、「プレゼンで紹介する」、「ミーティングで落とし込む」、「口頭でのコミュニケーションを取る」などだ。ストーリー性が重要度を増すのは、口頭でのコミュニケーション「以外」ではないかと思う。口頭で伝える場合にはある程度の簡略化と即時性が求められるはずで、要点だけをシンプルに伝える方が伝わりやすいケースがほとんどだろう。それ以外では、言葉＋映像や言葉＋紙資料など、目で見てもらうものが追加で発生する。受け手側にスムーズに理解してもらう必要があるため、中身にストーリー性があった方が理解のスピードが早くなるはずだ。座学の場合も含めて、それぞれの話が繋がっていないと受け取る側も整理に時間を要する。特に短い時間で行わないといけないミーティングでは致命的となる。

情報収集力

こういったサッカーを見てまとめて伝える一連の流れは、ルーティン化しやすい部分もある。慣れや場数によって習得できるスキルとも言えるだろう。

その中のまとめる作業においては、もう1つ必要なスキルがある。それはインターネットが発達した現代において、ＳＮＳなどのサッカーに関わる公的でないサービスを含めての、外部からの情報を得る（収集する）力だ。

様々なプラットフォームにアクセスし、少しでも有益になり得る情報を探し当てる。それは対戦相手の情報かもしれないし、自分たちを客観評価しているサイトかもしれないし、戦術ブロガーなど外部の異なる視点からヒントを得ることかもしれない。もちろん、それらが正しいかどうかを判断する必要があるし、間違った情報を鵜呑みにすることは許されない。ただ、自分が見たものだけで情報を処理しようとすると、物差しが自分しかないために情報が偏りがちになる。冒頭で述べたように「自分の目は節穴」であるからこそ、自分以外の外部の情報を取り入れることは重要だ。そのために、あらゆるメディアや外部ソースに目を通す癖をつけることが求められる。

ＩＴ、ＩoＴ、ＩＣＴの活用力

アナリストはこういったＩＴを駆使しながら情報収集を行うことが求められる。

今さらだが、ＩＴとはInformation Technologyの略で、情報を取得、加工、保存、伝送するための科学技術のことである。例えばパソコンを使うだけでもＩＴを活用していることになるし、専門的なソフトウェアを使用しても同じこととなる。

サッカーを見ることに関してのＩＴで何があるかというと、例えば映像をリプレイしたり巻き戻したりするために映像再生プレーヤーなどを使うことだろう。まとめることに関しては、Word、Excel、PowerPointやKeyNoteなど多様にある。伝えることに関しては、プロジェクターを使用することかもしれないし、クラウドサービスを利用することかもしれない。現代では当たり前のように使用しているＩＴを、存分に活用することはアナリストに求められるスキルの１つである。また、ここ最近ではＩｏＴやＩＣＴの活用も求められるようになってきた。これに対応できるための知識を得ることや、適応力などもその１つであると言える。

ＩｏＴとはInternet of Thingsの略で、モノのインターネットという意味だ。例えば、以前はビデオカメラで撮影した映像をパソコン等に取り込む場合、ＵＳＢで接続したり、ＳＤカードに移して保存していた。しかし今では、ビデオカメラにWi-Fi機能が搭載され、無線で即座にパソコンやiPadなどにコピーできる。ビデオカメラ（モノ）とインターネットを繋げることで時間の短縮が可能となった典型例だ。

あるいはＩＣＴ。Information and Communication Technologyの略であり、ＩＴとほぼ同義でありながらも、それに代わる言葉として世界ではこちらの方が広まりつつある。日本に限らずだが、今や小学生でもスマートフォンを持つ時代になった。ほとんどの人が何らかのＩＴデバイスを持っていることだろう。それらを使って「情報の伝達」を行うことを意味する。サッカーを見てまとめたWordやＰＤＦなどのレポートを、デバイスを通じて転送したり共有したりするといった具合だ。

こういったＩＴにまつわる専門用語は知らずとも（知っておいた方が良いが）、積極的に活用していくスキルが求められる。特にこれからの時代は、その色がより濃くなるだろう。

ビデオカメラ操作、映像編集、数字の解釈

では具体的に、何を扱えた方が良いのか。これはサッカーアナリストだけに限らず、どのスポーツのアナリストでも同じことが言える。

まずアナリストに必要な基本的なスキルは、練習や試合を撮影するためのビデオカメラを操るスキルだ。どのスポーツでも、ビデオカメラを用いて映像を記録し、ＰＤＣＡサイクル（Plan【計画】・Do【実行】・Check【評価】・Action【改善】）を繰り返すことで業務

を改善していく考え方）を回していく。その役割はアナリストが担うことが多い。

サッカー界では古くから試合や練習を撮影する風潮があった。ラグビーもサッカーと同様に練習も試合も自分たちで撮影して、そこからデータを取得してフィードバックに生かしていたらしい。他のスポーツでもビデオカメラを操る能力は役に立つ。私の知人に野球関係者がいるが、次のような話を聞いたことがある。野球界では練習を撮影する文化がなかった。しかし、野球界でも徐々に練習を撮影して分析に生かしたり、選手の技術向上に役立てようとトライする球団が出てきたという。

ビデオカメラを操るスキルとは、練習や試合を単に撮影することだけではない。撮影の仕方も工夫が必要だし、ズームやピントの合わせ方なども認知しておくべきだ。試合の撮影くらい誰でも簡単にできると思っているかもしれないが、これが意外と難しい。例えばボールを追い過ぎて逆サイドの選手が映っていないとか、クイックリスタートされていることに気づかずにボールが見切れてしまうとか、あるいはボールの行き来が激しくなった時にカメラの振り幅が大き過ぎてブレてしまうなど注意すべきことは多い。90分間通して全員が常に映っているようにするだけでも神経を使う。全員が映りながらも横と縦の移動がなめらかで、それに加えて、画面の端に無駄な余白を撮影しないような最適化もできた方が良いだろう。もっと言えば、そのレベルで撮影をしながら、両チームの戦術なども見られれば完璧だ。

一方で、サッカー界では撮影という分野に関していくつかの実験も行われてきた。何の機材を使って撮影するかだ。一般的なビデオカメラは想像しやすいと思うが、例えばドローンだったり、柱に固定式のカメラを取りつけてリモートで操作したり、海外ではGoogle Glassなどのウェアラブルデバイスを試したりしている。これらだけでなく、ネットワーク産業では5Gがスタートしたことから、また新しいソフトウェアの開発が進んでいるだろう。今後はそういった新しいICTやビデオ撮影機器を操れる人材が求められる。

次に、その撮影した「映像」を編集するスキルについて。まずは当然ながらビデオカメラやその他の機器から、パソコンなどのデバイスに転送する必要がある。前述したように、数年前はUSBで接続したりSDカードから転送したりしていた。今は無線で転送できるので手間は省けるようになってきた。よりスピード感が増し、練習の映像が即座に共有できるため、練習の途中や終わってすぐのタイミングで監督や選手らと確認ができる。これも映像編集の1つのスキルだが、他にもある。

撮影した映像をそのまま加工せずに共有することもできるが、重要なのはそれを編集して見やすく、わかりやすく、映像に意図を持たせることである。例えば映像上にコメントを入れ込むことかもしれないし、丸や線などを追加することかもしれないし、スポットライトを当てるようなエフェクトを入れることかもしれない。何も加工がないと受け取る人によって見る観点が異なりがちだが、加工してあれば誰しもがそこに焦点を当てて見ることができる。これはチームビルディングをする上でも重要なことで、1つの映像から全員が同じ理解を持つことができれば、認識のズレがなくなる。コンセプトを浸透させたい場合も含めて、この作業を行うか否か、そしてその作業自体の質の優劣でも浸透度が異なる。これからのサッカーでは、映像を高度に編集するスキルは必須と言える。

映像編集は具体的にはどう行うのか。アナログではできない作業なので、必然的にパソコンのスキルと編集ソフトを使うことになる。編集ソフトには様々な種類が出回っており、何を使うかはその人の好みの部分もある。具体的にはメソッド7で取り上げるが、参考までにいくつかご紹介しよう。

• iMovie

有名なのは Mac の iMovie だろう。iPhone をお持ちの方であれば携帯でも実装されていることから、携帯で撮影して、iMovie で加工し、そのままSNSにアップしている人も多いのではないか。映像の切り貼りや、テキストの挿入、エフェクトを手間なく作成できる点で優れている。

• Adobe Premiere

こちらは Windows でも Mac でも動く編集ソフトで、YouTuber の方も活用している人が多い。その使い方を動画としてアップしている人もいるくらいだ。iMovie に比べてエフェクトの種類が多かったり、テキストの挿入が自由にできたり、加工できることが多いのが特徴である。

• Final Cut Pro

Adobe Premiere と似たようなソフトで、Final Cut Pro がある。切り取りが簡単でエフェクトが充実していることから、こちらを使用しているアナリストも多い。私はAdobe Premiereを使用してきたためこちらのソフトの詳細はお伝えできないのだが、どちらか自分に合っている方を使えばいいと思う。

・Coach Paint

海外のソフトで、エフェクトが非常に優れている。選手を丸で囲むだけでなく、映像上の人などを追いかける「トラッキング」が容易にできたり、画像の一部分を切り抜いて別の場所に動かしたりすることもできる。

まだまだあるが、ソフトウェアの詳細はメソッド7をご覧いただきたい。映像編集のスキルに関して少しはご理解いただけただろうか。これらのソフトウェアを使いこなし、映像を自由に操れるスキルを持つことは、サッカーアナリストとして重要な要素である。

一方で、ビデオカメラや映像編集ほど重要ではないが、扱えた方が有利になるスキルがある。「数字」を解釈するスキルだ。数字と一言で言ってしまうと抽象的で幅広い範囲にわたるが、先述のピッチサイズ、サッカーデータ、公式記録も含むすべてと考えていただきたい。

数学が苦手な人は多いかもしれないが、小学校低学年の頃に行った算数を「今でもできない」という人は少ないだろう。単純な足し算や引き算、掛け算や割り算くらいは、ある程度できると思う。サッカーにおいての数字も、それらを組み合わせて思考するだけで様々な視点を持つことができる。

今は国内外問わず、様々な会社がサッカーのデータ化を目論んでいる。自分でデータを取得しても構わないが、そういった会社がインターネット等で展開している数字を使って、新たな発見をすることも簡単にできるだろう。

さらに興味がある人は回帰分析やクラスター分析などの統計学を学んでもいいと思うが、そこまでの専門的な数字を扱うスキルがなくとも、目では見えない部分を、数字を使って証明したり発見できればアナリストとしてさらに一歩踏み込めるはずだ。「数字」に関する詳細や具体例などは、メソッド4で取り上げる。

コミュニケーション力と心理学

　次にアナリストに求められるスキルの1つとして、コミュニケーションがある。これはどの職種であっても必要な要素だが、ことアナリストのコミュニケーションにおいては「信用性」と「柔軟性」が求められる。

　よくコミュニケーションとはキャッチボールだと比喩される。その通りだと思う。一方通行に押しつけられては反発を生むし、聞く耳を持たない人に話しかけても無駄である。相手の立場に合わせることも必要だ。見ず知らずの人に突然話しかけられれば警戒するし、子供に対して難しい言葉を使っても伝わらない。だからこそ相手の立場に寄り添い、目線を合わせることが重要である。

　では、アナリストという立場において、立場や目線が違う周りの人たちとどのようなコミュニケーションを図り、「信用性」を高めていけばいいのか。

　まずアナリストの役割とは、監督やコーチ陣の意図をくみ取ってサポートすることであり、選手にはそれをもとにした情報や映像を与えることが主であると理解しておく必要がある。よって、コミュニケーションの対象は監督やコーチ、選手である。それぞれからの信用を得るには、「結果」を出すことが最も手っ取り早い。

ここで言う「結果」とは、チームが勝ち続けることを意味しない。自分が提案したプレゼンや資料、情報などが的確に当たることを意味する。もしくは、対象者の心理を読み解き、要望に応えることも同様だ。それらを繰り返せば、自ずと信用性が増す。しかし、それを実現させるのは並大抵のことではない。その目的を達成するための準備は、念入りに行わなければならない。

例えば対戦相手のサイドを担当するMF、サイドハーフのドリブルの特徴を伝える場面があったとする。まず相手の特徴を捉えるために、何百シーンというドリブルの映像を研究する必要があるだろうし、どういう癖があるかを見抜かなければならない。様々な情報網を使ってその選手の発言を拾い真意を探ることもあるだろう。それらの情報をそろえた上で、あれもこれもではなく、コミュニケーション相手側の目線に立ち、何に気をつけるべきかの要点を絞って端的に伝える。苦労して収集した情報はすべて伝えたい気持ちになるが、それでは情報が過多となり逆にすべて伝わらずに信用性を失いかねない。よって、必ず起こると踏んだ事象に狙いを定めて、1つか2つくらいの要点に絞ることが重要だ。もし実際の試合でそのシーンが起こり、相手を止めることができれば、その選手にとってこれ以上の成功体験はない。

しかし、前述したようにサッカーはオフ・ザ・プレーを含めると膨大な情報量があり、しっかりとした「見る力」がないと判断を誤り、「まとめる力」がないと的確に「伝達」できない。人の性格を理解するのも、その人がどういう部分に重きを置いているのか、何を言わんとしているのか、何を知りたがっているのか、日頃から行動や言動に注目しておく必要がある。それぞれの相手に真摯に向き合いながらトライ&エラーを繰り返し、最適解を導き出していければ信用は高まっていくだろう。

次に「柔軟性」についてだが、これはアナリスト特有の立場が影響している。一言でいうと、中間管理職のようなイメージだ。監督・コーチと選手の間を仲介するポジションであり、それぞれに対するアプローチが異なるがゆえに発生する要素である。

具体的には、対戦相手のサイドハーフの例をそのまま使えば、選手に対しては前術の通り1つか2つに要点を絞った情報を伝えればいいとして、監督やコーチ陣にそのまま同じことを伝えてはいけない。実際にピッチ上でプレーするわけではない監督やコーチに技術的要素を伝えても意味がない。それよりも、なぜそのサイドハーフが起用されているのか、その狙いは何なのか、そのドリブルによって何を生み出そうとしているのかなどの戦術的要素を伝える必要がある。コミュニケーション対象者の違いによって、伝える内容を変えられる柔軟性が求められるということだ。

このように多様な人たちとコミュニケーションを十分に行うためには、「相手」を意識しなければならない。人を相手にするのだから「心理学」を学んでみるのもいいかもしれない。私はこれを深く学んでこなかったことを少し後悔している。「少し」とした意味は、学んでこなかったからといって相手の心理を読めないということはないからだ。逆に、学んだからといって相手の心情を理解できるとも限らないのは、「人間」の面白さだろう。これらコミュニケーションと心理学については、メソッド5でさらに詳しく実例を挙げながら解説してみたい。

予測力、決断力

この章の最後のテーマとしては、「予測力」と「決断力」を挙げたい。アナリストに求められるスキルとしてサッカーを「まとめる力」や「伝達する力」が最も重要であると述べた。それを実行するには情報収集力やＩＴ活用力、コミュニケーション能力などが必要なわけだが、「予測力」と「決断力」は今まで挙げてきたすべてのスキルに共通して付随するため、より包括的なスキルと言えるかもしれない。

「予測力」とは、その名の通りあらかじめ事の成り行きを推し測る力のことだ。単に次の試合に勝つか負けるかを予想するといったものではない。

サッカーを見る上で細かい話をするならば、今ボールを持っている選手が次に何をするのかを当てるようなものである。どちらの足でボールをコントロールしているのか、目線はどこを向いているのか、周りにパスを出せる味方は何人いるのか、相手はどれくらい自分に詰めてきているのか。それらを総合すると、ここに右足でパスを出すかもしれない。次にそれを受け取る選手は、どちらの足でトラップしそうか、もしかしたら止めないでそのままパスを出すかもしれない、触らない選択肢もありそうだ。ここまで予測力が向上してくると、誰かのファーストタッチを見た瞬間にそのチームのコンセプトが見えてきたりもする。

この予測力を常に発揮しながら90分間試合を追い続けている人はあまりいないかもしれないし、周りから敬遠されるくらいのマニアックさかもしれない。しかしアナリストにとっては重要な要素で、この予測力を持っていると、それを発展させて自分たちと対戦する時にどう対処してくるかまで予想を立てられるようになる。

この予測力をコミュニケーションに掛け算してみよう。コミュニケーション相手の心理を読み解きながら、相手の目線に合わせて情報を伝えつつ、相手の反応を予測できたらどうだろうか。こちらから情報を与えた時、それを拒絶するのか関心を持つのか、意見を言うのか受け入れるのか、まったく別の視点を提案してくるのか……。それぞれに応じて次の一手を用意しておく。予測力を持っていれば、思わぬ返答がきても焦ることはない。

さらに踏み込んで、例えば試合前であれば時間もあるために一連の流れを万全の準備で実行できるかもしれないが、試合中やハーフタイムといった「時間がない」中で行う場合はどうだろうか。あらゆる予測を立てて準備しておくのと、即興で何かを語ろうとするのとでは、大きく異なるはずである。

もう1つの「決断力」は、より即興で求められる能力かもしれない。何かを伝える時やまとめる時などに、どこの部分を削るかなどの取捨選択を迫られる際に発揮される。何を取り入れて何を外すのかの判断は、外的要素が多く含まれるがゆえに悩みやすい。そのため、決断までに長い時間がかかることもあるだろう。熟考によってより良い答えが導き出される可能性を理解しつつも、作業効率のバランスをどう取っていくか。特にアナリストに課せられるタスクは幅広いため、1つのことに多くの時間を割くことができないケースが多々ある。決断力がないと他の仕事へ悪影響を及ぼすこともあるため「思い切り」が必要だ。

ここまで記してきたものがサッカーアナリストに必要なスキルであり、求められるスキルでもある。では、これら様々なスキルを持ち合わせているアナリストに対して、クラブ側はどんな役割を与えているのだろうか。いよいよ具体的な仕事の実態を明らかにしていきたいと思う。

Method 2　Role

アナリストが担う役割

アナリストが担う複数の役割

様々なスキルを持ち合わせるアナリストは、クラブ内において何を任されているのか。まずは役割の種類を洗い出してみる。

・自チーム分析
・対戦相手分析
・データ分析
・映像処理
・リアルタイム分析
・トレーニング分析
・監督・コーチと選手とのパイプ役
・ITサポート

アナリストはこの中のどれか1つだけを担うケースは少なく、いくつかを掛け持ちすることが多い。コーチらと分担している場合もあるが、各クラブ内にアナリストは1人であることがほとんどのため、その多くは複数の役割を1人でこなしているだろう。ここで記していない役割も存在するだろうが、まずは自分の実体験をもとにこれらに絞って詳細をご紹介していこう。

自チーム分析

まずはクラブにおける自チームの編成について触れておこう。クラブによって役職や人数は異なるが、アナリストを除くとおおよそこのような組織で形成されることが多い。

- **監督**
- **ヘッドコーチ**
- **コーチ**

・GKコーチ
・フィジカルコーチ

この中で、自チームのコンセプトや戦術などを構築する役割を担うのは、監督、ヘッドコーチ、コーチである。GKコーチは文字通り、GK（ゴールキーパー）に対する専門家であり、チーム全体の構築に関わるケースは少ない。フィジカルコーチは選手全体に関わるが、あくまでもフィジカルやコンディショニングの専門職。監督とコンセプトの構築を共同で行うことはないだろう。

そのため、「自チーム分析」は監督やコーチ自らが行っていることが多い。アナリストが関わるにしても先陣を切って行うことはない。あくまでも監督やコーチのサポート役だ。私もその経験があるが、彼らの右腕として働くことを意味する。

アナリストが自チーム分析を担当する時は、第一に映像を操るスキルが求められる。映像は1分間でも文字数にして180万単語分の情報量を伝えられると言われているが、だからといって単に映像を切り貼りすればいいわけではない。監督の求めるサッカー像をわかりやすくまとめるには、映像の選出から加工、さらには尺の長さや順番まで考慮しなければならない。ストーリー性のある「短編映画」を作る編集者のイメージだ。優秀な映画監督でも、映像の撮影から編集までのすべてを自分1人で行う人はなかなかいないだろう。それぞれの専門家を雇うケースが多いはずである。

世界のコーチ陣を見ても、アナリストほど映像を操れる人材は数少ない。彼らの本職はピッチ上でのコーチング、または練習メニューの構築やミーティングの資料の作成だ。そこで監督が思い描くサッカー像を映像で選手と共有したいと考える時、それを実現できるのは監督自身か、映像を自在に操れるアナリストとなる。

監督の求めるサッカー像を表現するための素材となる映像は、いくつかある。シーズンが始まっていなければ、まずはコンセプトの構築やそれを浸透させるための映像を作るだろう。攻撃はどんなシステムで、それぞれのポジションにおける役割は何か、どういう形でゴールまで目指すのか。守備は攻撃時と比べてシステムの変更はあるのか、どこからボールを奪いに行くのか、どうやってゴールを決めさせないのかなど。それらを落とし込むような映像を作る場合、過去の自分たちの試合から引っ張ることもあれば、まったく別の、例えば似ているサッカーを展開する海外チームの試合を参考に使用することもある。シーズン中であれば、当然ながら直近の自分たちの試合をもとに修正点をまとめる。あるいは、次の試合に向けての素材として、練習時の映像を使うこともあるだろう。

これらはチームを主語としているが、選手を主語にした映像も作る。選手ごとに良かった点や悪かった点を編集し、その選手に合った成長プランを考え、映像とコミュニケーションで向上を図る。そこに監督が求めるプレーの良し悪しを組み込み、選手の価値観を変えさせるような意図を持たせることもある。

いずれにしても、その都度、監督が目指すサッカーを体現するために、あるいは選手との共通理解を深めるために編集を行う。これがアナリストによる自チーム分析の役割だ。

一方で、自チーム分析を監督やコーチ陣が担当し、アナリストが対戦相手分析の専門家となる場合もある。映像の加工を最小限にとどめ、練習での落とし込みやミーティング等にて言葉で伝えることに重きを置く監督もいるからだ。そうなるとアナリストが自チーム分析で担う部分は少なくなるため、より対戦相手の分析に力を注ぐことになる。

対戦相手分析

監督の方針や役割分担によって異なるものの、日本のアナリストの実に9割以上が、この役割を担っている。「対戦相手の分析」だ。自チーム分析では監督の理想像があり、それを浸透させるためコーチやアナリストが分業することもあるが、対戦相手の分析は、すべてをアナリスト1人で担うことが常である。相手のコンセプトや選手情報、ストロングポイント（長所）、ウィークポイント（短所）の洗い出しから実際の映像編集まで。これらに関しては、スペシャリストが行わなければならない。さらに監督やコーチも次の対戦相手の直近の試合を見ており、そこから生まれる細かな質問や疑問を投げかけられた時も、即座に解答できるような情報通である必要がある。

スキルの話をすれば、映像を操るのに加え、情報を集める力も求められる。インターネットを使って相手の情報を見つけ出すこともあるだろうし、外部会社の協力を借りてデータ分析することもある。それらを整理したりレポートにまとめたりもするため、「見る力」、「まとめる力」、「伝達する力」も必須だ。

対戦相手の直近の試合の情報を分析する場合、その方法は2通りある。1つは、現地に赴いて分析するケース。この場合は、自分たちの試合には帯同せず、常に次の対戦相手の試合を見るために全国各地へ飛び回る。もう1つは、映像を見ながら分析するケース。2019年にJリーグの公式YouTubeチャンネルが戦術カメラハイライトを展開していたが、そのようなピッチ全体を俯瞰して撮影した映像をもとに分析することが多い。

どちらにも、メリットとデメリットが存在する。前者のメリットは、映像では映らない部分まで確認することができる点だ。例えば、試合前のウォーミングアップはどれくらいの時間をかけて、どれくらいの強度で何を行うのかを見たり、試合中のベンチの様子やアクションを確認したり、あるいは現地でしかわからない気温や湿度といった環境面のチェックを行える。デメリットは、移動によるコストがかかることや、自分たちの試合に帯同しないためにサポートスタッフが1人削られる点だ。後者のメリットはその逆であり、コスト削減や自チームのサポート役が1人補える点である。一方でデメリットは、何らかの理由でその試合の映像が取得できなかった場合、分析する素材がなくなってしまうこと。これらを踏まえて、どちらで行うかを監督らと話し合い決定される。

いずれにしても、見たものを形に落とす必要がある。それが対戦相手を丸裸にした書類「スカウティングレポート」だ。単にその攻撃や守備の特徴を記すだけではなく、対象試合が行われる前の情報として、ケガ人はいるのか、累積警告等で出場停止だった選手はいないか、前節の結果によって変えたこと（修正点）は何かなどもまとめる。あるいは、選手個々の詳細も記載することがある。利き足はどちらか、ストロングポイント、ウィークポイントは何か、プライベートの変化はあるかまで。その上で、攻撃と守備のポイントを絞り込んで整理する。さらにはコーナーキックやフリーキックなどのセットプレーも分析し、選手の配置やキッカーの球種、トリックプレーの有無なども織り交ぜる。これらを作成するにあたっての「試合の見方」や「レポートの書き方」は、メソッド3でご紹介する。

これを直近の1試合だけでなく、数試合見てまとめるのがアナリストの仕事だ。監督の要望やアナリストの技量によるが、おおよそ3〜5試合を見てまとめるケースが多いだろう。1試合だけでは見えてこない事象もある。さらにチームは勝っても負けても修正を続けるため、「流れ」や「勢い」が生じる。そうした文脈を外部から推察しなければならないため、数試合チェックするのである。ただ、3試合すべてで現地に赴くことはできない。

直近以外の試合は、映像で確認することになる。

それが整ったら、次はその特徴をわかりやすく監督やコーチ、選手らに説明するため、映像を編集してまとめる。そのスカウティングレポートと映像を選手にどう落とし込むかは、クラブによって分かれるところだ。アナリスト自らが選手全員を前にしてプレゼンを行うチームもあれば、監督自らが行うチームもある。私は両方を経験したが、どちらが正解かという議論は意味がない。いずれにしても、目的は選手に相手の情報を与えることにある。チームがその相手に勝つために準備すべき事象をまとめたものなので、誰が行うかは大事ではないということだ。

ちなみに、私自身が行っていたプレゼンでは、気をつけていた点がいくつかある。まずは、プレゼンの映像の尺（時間）だ。予想メンバー、攻撃、守備、セットプレーのポイントを絞って作成していたが、計10分前後としていた。実際のプレゼンでは、この映像を止めながら説明したり巻き戻したりするため、全体の発表時間としては約20分程度となる。これより長いと情報過多になりやすく、短いとまとめきれないことが要因だ。また、いきなり映像を使って説明し始めるのではなく、対戦相手とは関係ない話を冒頭にして好奇心を煽るようなこともしていた。プロローグにも書いた「人間（あなた）の目は節穴である」といった例に見るような、聞き手に一瞬でも「ん？」と思わせて、後の核心に迫る手法だ。選手向けのプレゼンに限らず、他業種におけるルーティン化している業務などにも当てはまるだろうが、「飽き」が生まれやすい。それを予防すべく、様々な話を盛り込んで工夫していた。ただ聞いて終わるようなミーティングではなく、その時間を楽しみにしてほしかった思惑もある。

チームによっては、プレゼンをもとに紅白戦を行うことがある。主力組と控え組に分かれて、次節を想定して11対11の試合を数分間行って確認する練習方法だ。アナリストの役割として対戦相手を任されている場合、この紅白戦における相手役＝控え組のオーガナイズを任されることがある。各ポジションにおける特徴を個別に伝え、主力組に「想定内」を増やしてあげることが目的だ。これが終わると、また次の対戦相手の情報集めに尽力し、試合当日には対象試合を見に飛ぶのである。

データ分析

自チーム分析や対戦相手分析に共通して行うことがある。それが「データ分析」だ。「アナリスト」として一般的な証券アナリストらもまた、データを使うことが多いだろう。複雑な物事を分解して解明する時、数字やグラフなどを使用するとわかりやすいためだ。

データ分析を行う最大の利点は、主観だけで物事を判断せず、そこに客観性を持たせることができる点だ。監督の独断で進めていると、間違った方向に行くこともあるだろう。しかし、それを修正する時や改善を提案する時、客観的な事実を持たずして行うのは難しい。立場的な優劣があるからだ。しかしデータは事実であり、そこに立場的優位性は発生しない。誰が見ても悪い数字は悪い数字である。ただ、より複雑なデータを解明しようとすると、この解釈の部分で人によって見解が異なってしまうのがデータ分析の怖い部分でもある。そこで、しっかりと数字やその背景にある現象を追えるアナリストが必要となってくる。

特に自チーム分析におけるデータ分析は、慎重に慎重を重ねる必要がある。解釈1つで、どちらとも言えるようなデータの場合、扱い方によってはさらに間違った方向へ行ってしまう危険性すらあるためだ。日本では、まだこういった意味で正確に数字やデータなどを扱えるアナリストは少ない。それは、そもそもデータが整っていないことや、数字への苦手意識があること、そこに時間を割けない事情があることなどが言える。一方で、海外ではこれが頻繁に行われている。それは先に指摘したアナリストの人数の違いによって生じる差でもある。ここに追いつき追い越すには、人材の確保と育成が必要だろう。

自チーム分析としてデータ分析が使用されるケースとしては、試合の振り返りやシーズンの振り返りなど、過去が対象になることが多い。これをベースに、もしかしたらシーズン途中での監督交代などがあった場合、どこに課題があり、それをどう改善していくかを図る指標としても扱われることがあるだろう。

一方で対戦相手分析におけるデータ分析は、そういった過去をデータで分析しつつ、次に何が起こるかを予想する手助けのツールとして使用する。自チームであれば監督やコーチ陣と協調できるが、対戦相手分析はすべてを任されるため、自分の目だけが頼りだ。しかし、それだけでは限界がある。客観的な事実であるデータを併用して、自分たちと対戦する時に注意しなければならない点などを立証することが重要だ。

データを扱う役割を担うのは、アナリストだけではない。フィジカルコーチやコンディショニングコーチなど、選手のフィジカル面を担当する役職も同様だ。フィジカル面でいうデータとは、どれだけ走ったかを表すトラッキングデータと呼ばれるものや、血糖値などのヒューマンデータなどがある。その中でアナリストが数字の解釈を考えたり、Excelなどを使って「データの加工」を手伝うこともある。ここで求められるスキルは、ＩＴの活用力だ。数字だけでは見づらい表を、いかにして選手へわかりやすく伝えるか。グラフなどの視覚化は当然ながら、そこに映像も加えることがある。例えば、ある時間帯で高強度の走りの数値が低かった場合、それを強調するようなグラフに変え、実際に歩いてしまっていたシーンをつけ加えるような具合だ。このように、自チーム分析や対戦相手分析においてデータ分析を行うだけでなく、フィジカルデータ分析でもアナリストは重要な役割を担っているのである。

映像処理

アナリストにとって非常に重要なのが、映像処理となる。自チーム、相手チーム、フィジカル、スカウト、トレーニング、モチベーションビデオなど、クラブにとって映像はあらゆる場面で使用されるからだ。映像と一言で言っても、その種類は多彩だ。映像形式を理解する必要もある。mp4、mov、mpeg、wmv、vobなど形式だけでも多様にあり、それぞれの特徴や用途を理解している方が望ましいだろう。

映像処理とは、単にその場面に最適なシーンを見つけ出すことだけにとどまらない。サッカーを伝える上で重要なストーリー性を持たせるような加工も必要で、それはチームであっても個人にフォーカスしていても変わらない。それが最も発揮されるのは、モチベーションビデオの作成かもしれない。重要な試合を前に、選手やスタッフのモチベーションをさらに上げるようなビデオのことだ。

まさにストーリー性や映像のチョイスがセンスを問われ、加工の仕方で伝わり方が変わるため、作成には多くの時間を要する。年に数回程度、もしくは1回作成するかどうかの作業だが、これを楽しみにしている選手もいたほどだ。

あとは、選手を獲得する「スカウト」部門において、アナリストがサポートするケース。スカウトとは、他クラブで活躍している選手だけでなく、高校生や大学生など幅広く調査している部門である。自チームの補強を考える時、チームのスタイルに合う選手を選ばなければならない。その時も、そのスカウトの目だけではなく、客観的な判断も必要になることから、対象選手の映像集を作ることがある。ドリブルやシュートなどの特徴が表れているシーンだけでなく、ポジショニングや動き出し、守備の能力なども含めて総合的にまとめる。1選手のプレー集としてたった数分の映像ながらも、的確にその選手を捉えた内容であれば、自チームに合う選手なのかどうかを見極める材料として最適だ。こうした映像処理はスカウトが自ら行えないケースがあるため、映像の検索、抽出、加工をスムーズに時間をかけずに行えるアナリストがサポートすることがある。

現代においては、こうして作成した映像などをどう共有するかにおいて、ストレスが少なくなってきた。数年前までは、この映像をＤＶＤに焼いて郵送することも珍しくなかった。そうすると映像をＤＶＤに焼くためのエンコードやファイナライズなども行わなければばならず、たった数分の映像を送るためだけに何時間も費やしていた過去がある。しかし今では、ファイルをそのままインターネット経由で送付できるし、クラウドにアップロードするだけで複数人がアクセスすることも可能だ。これに関しては、ＩｏＴの活用力が求められる部分でもある。検索、抽出、加工、転送という一連の映像処理の流れをスムーズかつ的確に行う。これがアナリストに求められる映像処理の役割である。

リアルタイム分析

ここ数年で急激に求められるようになった役割がある。それが「リアルタイム分析」だ。リアルタイム分析とはその名の通り、試合中に行う分析のことである。スタジアム上部のスタンドで試合を見ながらベンチ（にいるコーチら）と情報交換する。インカムで行うこともあるし、ベンチ内に機器の持ち込みが可能になってからは携帯電話を使って電話するチームも出てきた。

主に何を伝えるかといえば、試合前に想定していた状況にならなかった場合、何が起きていて何を修正した方が良いのか、誰にそれを施した方が良いのかといった戦術的な側面や、後半の途中になってきて誰が疲弊しているのかといったフィジカル面での状況などだ。また、上から見ているとわかりやすいのは、相手のシステムなどの配置である。試合中に相手が配置を変えることもある。それを即座に把握し、いち早くベンチ内のスタッフへ伝達する。あるいは、相手のベンチ付近で誰がウォーミングアップのペースが上がっているのかまで伝えることもある。もちろん、交代でその選手が入った後の状況まで予測しなければならない。

日本でも海外でもリアルタイム分析はかなり前から行われていたが、従来ではコーチが行っていた。ではなぜ、その役割がコーチからアナリストに移ろうとしているのか。それは、アナリストの方が映像、数字を操られ、ＩＴを活用できるからである。インカムや電話を通じて伝えるだけであれば、コーチで十分だろう。そこに映像は必要ないからだ。しかし、現在はＩＴが発達し、上からの映像をベンチ内のタブレットに転送できるまでに至っている。相手のシステムが変わったのであれば、その全体映像を送った方がわかりやすい。どこを修正すべきかは、その当該シーンを見てもらった方が理解は早いし説明も少なくて済む。フィジカル面でも、「なんとなくあの選手は疲れてきているのかも」という憶測ではなく、その時間帯までの走行距離などで判断できてしまう。その選手の走行距離が平均より多いのであれば、オーバーワークしている可能性があることを意味する。高強度の走りを意味する「スプリント」などの数値も大いに参考となるはずだ。このように、主観だけではなく、映像や数字を活用しながら客観的にアドバイスを送るのである。こういった多数の情報を、いかに早く正確に伝えられるかが重要だ。さらには、映像や数字を活用しながらベンチと連携するため、ITを使いこなせなければ即時性は失われるだろう。つまり、それらのノウハウを熟知しているアナリストが適任であるというわけだ。

リアルタイム分析において、映像の活用法はもう1つある。ハーフタイムでの修正だ。監督が後半に向けた修正を施す時間に、映像があるかないかで話は大きく変わってくる。ホワイトボードを使い、マグネットを動かしながら説明するのと、実際の前半の映像を映して説明するのとでは、どちらが選手に伝わりやすいか自明であろう。そのため、現在ではビッグスクリーンに映像を映して選手全員で見たり、iPadなどのタブレットで個別に見せるJクラブが出てきている。一方マンチェスター・シティは約10年前の時点でロッカールームの壁を、手で触りながら映像内の選手を動かしたり矢印をつけられるビッグパッドに改造しており、欧州のビッグクラブは現在さらに進んだテクノロジーを導入しているのかもしれない。

ここで問題になってくるのは、どのシーンを取り上げるか、だ。監督が自ら「あのシーンを取っておいてくれ」と伝えられればベストだが、それができない場合はコーチ陣かアナリストが独自の判断でピックアップするしかない。そこで監督の意図や脳内を読み解く必要性が出てくる。一種の予測力や決断力とも言えるだろう。監督の思惑を予測し、どのシーンが最適かを見極めて即座に決断する。それが合致しなければハーフタイムで選手に対して的確に指摘できないため、リアルタイムで分析している意味がない。普段から監督の理想とするサッカーや掲げているコンセプト、プレーの良し悪し、それらを選手に伝える時の一挙手一投足を追うような視野と考察を繰り返しておく必要もある。

トレーニング分析

監督の言動や行動を考察・観察していく上で、わかりやすいのはトレーニング（練習）での振る舞いだ。選手の配置やボールの動かし方などを落とし込み、チームとしての成熟度を高めるのがトレーニングの目的であり、それは同時に次の対戦相手に勝つための方法を整理することでもある。その中で、監督は何を指示し、どんなプレーを求めているのか。これを分析しておくことで、実際の試合で似ている状況になった時、明らかに修正すべき点として映像やデータを取得できるようになる。もちろん、トレーニングはそれだけにフォーカスされるものでもない。フィジカルコンディションを上げる目的のセクションも存在するし、ボールを持ち続けるためのポゼッションと呼ばれる練習をすることだってある。様々なトレーニングメニューがあるものの、どんなトレーニングであっても、アナリストは監督の指導や反応を追っておくことを怠ってはいけない。

では、アナリストが「トレーニング分析」を担当する時、ただ監督の動向を見守っているのかと問われれば、答えはＮＯだ。トレーニングを撮影するとしてもただカメラを動かすだけでなく、その映像を共有するところまで行う。場合によってはセクションごとに映像を切り分け、それぞれに注目点や修正点を加工するなど、その日のテーマに沿った形で装飾することもある。あくまでトレーニングの目的である戦術などの落とし込みを、さらに加速させるサポートを行うのが主である。

一方で、選手に対してのサポートを行うこともある。例えば相手を想定した11対11の紅白戦が終わった後、選手がアナリストに対してこう聞いてくることがある。

「次に自分が対峙する相手は、どんな特徴がありますか？」

紅白戦はあくまでトレーニングであり、その時の相手はチームメイトだ。対戦相手が持つ特徴をそのまま再現することは不可能なため、この疑問を持つことは当然の流れである。そこで、補足をしてあげるのもアナリストの役目だ。ドリブルが特徴なのか、スピードに自信を持っているのか、動き出しが早いのかなど。口頭で伝え切れない場合は、その相手のプレー集を作成し共有することもあるだろう。そのトレーニング中に起きた現象がそのまま再現されそうであれば、撮影した映像をその場で見せながら再確認することもできる。方法としては、ビデオカメラとパソコンもしくはiPadなどを繋ぎ、映像を取り込んでおけばいいだけである。

トレーニングの分析に関しては、これからさらに進化していくだろう。5Gが浸透していくことでネットワークのストレスフリー化が進み、映像の転送が速くなるだけでなく、即座に加工までできるアプリなどの導入も検討するはずだ。そうなると、トレーニング分析におけるアナリストの役割は幅が広がり、これまでになかった見せ方なども可能になると思われる。

監督・コーチと選手とのパイプ役

トレーニングを分析しながら監督や選手らの補助的役割を担う一方で、アナリストは彼らの間に立ち、それぞれの思惑をくみ取りながらチームとしての総合力を高める役割も担う。その方法としては、撮影した映像を見せて共通認識を高めるのも1つだが、コミュニケーションを活用することが多い。

監督やコーチはチームとしてのコンセプトの浸透を目指しており、それが勝利に繋がると信じて取り組んでいる。しかし選手は、まず自分が出場できるのかどうか、出場した時には活躍できるのかどうかに焦点を当てていることが多い。このギャップを埋めるのがアナリストだ。監督の思想を理解した上で、選手には監督が何を望んでいて、どんなプレーを好むのかといったコンセプトの全容を伝える必要があるし、監督には選手からプレーの意図を聞き出してコンセプトをどれだけ理解していたのかを伝えることもある。

そこには、監督と選手との間にある微妙な力関係が影響している。選手は監督に選ばれる側の立場であり、自分の意見を押し通すような我を全面に出すことを躊躇《ちゅうちょ》する選手もいる。一方で監督も、人によっては選手との距離を設け、威厳を保つような感じで気軽に話しかけない監督もいる。こうなると両者が歩み寄るには時間がかかってしまう。そこで、アナリストは映像などのツールを用いながら、互いの意図を結びつけるようなサポートを行うのである。

監督や選手らから信頼を得ているアナリストであれば、ツールを使わなくても話すだけで伝わることもあるだろう。まだ信頼関係にない場合は、映像やデバイスを駆使することが有効な手段と言える。どちらにしても、アナリストという中間管理職のような立場の役職は、両者にとって有益な存在でなければならない。

ＩＴサポート

コミュニケーションを図る上で使用する映像やツールなどを含めて、こうしたＩＴの発達によってアナリストの求められる役割も多様化している。監督や選手との間に立つ中でそれを使用することもあるし、それ以外でもＩＴに関して役割を担うことがある。監督やコーチ陣にとどまらず、クラブ内におけるすべての部門へのＩＴサポートだ。すべてと言うと語弊があるかもしれないが、アナリストはパソコンやＩＴに強いと「思われがち」であるゆえ、どの部門の人からも頼られることがあるという意味である。

具体的には、パソコンの使い方やメールの設定、プリンターのドライバーインストール、ネットワーク障害の対処法という難題からタブレットの初期設定といった基本的なものまで。一般企業では考えにくい現象かもしれないが、これが日本サッカー界における事実である。

サッカーに関する知識や分析力といった特異なスキルだけでなく、こういったＩＴ関連の知識もあわせ持つアナリストが今後も重宝されることは間違いないと思う。インターネットが普及してから20年以上が経過し、ネットワーク産業も第5世代が始まった中で、クラブ内にそれを熟知したアナリストが存在すれば、新たな試みにチャレンジできるからだ。それは、監督やコーチ、選手らが所属するトップチームのみならず、事業や営業部門、経営部門などにおいても同じで、今後はそういった事業サイドとのパイプ役も担っていくのかもしれない。

さて、ここまで紹介してきたアナリストの役割には、外からは見えてこない事実もあったのではないだろうか。これらを前提として次章ではいよいよ、アナリストの本領が発揮されるべき「試合の見方」について知見を述べていく。その中には他競技でも応用できる部分もあるだろう。活用できる部分は大いに転用していただきたい。あなたが今まで培ってきた試合の見方に、新たな視点をもたらすことができれば幸いだ。

Special Dialogue 1

特別対談：渡邉晋×杉崎健

監督が新時代のアナリストに求める力

監督の目にアナリストの仕事はどう映っているのか——？

杉崎アナリストがベガルタ仙台時代に「眼」として支え、今季からJ2レノファ山口を率いている渡邉晋監督に当時を振り返ってもらいつつ、アナリストの未来像を占ってもらった。

「映像・データに向き合うだけがアナリストの仕事ではない」

――まずお2人が出会ったきっかけから教えてください。

渡邉「ベガルタ仙台でトップチームのコーチに呼んでいただいた時に、僕は指導者なのにケガをして（苦笑）、練習に立ち会えなくなってしまって。だから当時分析担当を兼任していたGKコーチにそのやり方をイチから教わって、率先してスカウティング（対戦相手分析）をするようになったんですね。それでやり取りするようになったデータスタジアムの担当者がスギだったんです。サッカーを客観視するという新たな見方を教えてくれたので、僕がトップチームの監督に昇格して強化部と『アナリストを獲りたい』という話になった時に、スギの名前が挙がるのは自然な流れでしたね」

杉崎「実はヴィッセル神戸に在籍していた2015年にも、光栄なことに複数のJクラブからお声がけをいただいていました。中でも仙台は2年連続で2016年にもオファーをくださり、熱意を感じたので渡邉監督の下で働く決意を固めましたね」

――実際に仙台で渡邉監督は杉崎アナリストにどのようなお仕事を任せていたのでしょう?

渡邉「主にスカウティングを担当してもらっていたんですけど、当時アナリストは現地に先乗りして次の対戦相手の試合を偵察していたんですね。そこでスギはデータスタジアム時代のネットワークを生かして、現地の雰囲気から相手選手の特徴までいろんな情報を集めてくれていました。さらにスギは自チームにもしっかりと目を向けてくれていて、休み明けの朝には机の上に前の試合の資料が置いてありましたし、選手の参考になる映像がほしいとリクエストすると、スペインやイタリアの試合からパッとプレー集を作って準備してくれましたね。中でも驚いたのが、いわゆるモチベーションビデオを作ってもらった時で、僕の頭の中には『超える』という言葉が思い浮かんでいたんですね。それを口に出したことは一度もなかったはずですけど、その言葉をスギはモチベーションビデオのタイトルに入れてくれたんです。見た時は鳥肌が立ちましたね（笑）」

杉崎「渡邉監督は自チーム分析だけではなく、ミーティングもご自身で行われていたんです。それに比べて僕はスカウティングと映像撮影／編集の2つが主な役割でした。だから他にも何かお手伝いができないかと考えていたんです。そこで思いついたのが、選手のメンタルサポートでした。例えばトレーニング中、アナリストは山や矢倉に上って練習全体を映像撮影するので、誰と誰が話しているかがわかります。ただ、仙台に限らずどのＪクラブでも同じですが、やはり選手が30人もいると監督やコーチ陣が個別にコミュニケーションを取るのは難しく、不満を持つ選手や孤独に感じる選手が出てきてしまう。そこで僕が声をかけて表では言えない愚痴を聞いたり、逆に監督やコーチ陣の考えている意図を伝えるようにしていました。対話を重ねていくうちに、いろんな選手と話すようになっていたので、自然とチームの雰囲気が読み取れていたのかもしれません」

――アナリストが選手とのコミュニケーションを取る頻度は監督によって変わるのでしょうか？

杉崎「そこは監督の意向に左右されますね。中には選手と関わるのを一切認めない監督もいますが、渡邉監督は僕に選手に声をかけるのを許してくれていました」

渡邉「アナリストだからといって映像やデータにしか向き合わないのはやっぱり違うなと。現場に立つ選手が何を考えていたり、感じているかがわからないと、それらをどうやって伝えればいいかがわからないからですね」

杉崎「個別で会話をしないと、選手一人ひとりの理解の仕方もわかりませんよね。そこで性格や特徴をつかんで、例えば理論派の選手には細かいデータやレポートを渡して、感覚派の選手にはわかりやすい数字を見せたりしていました。後者の場合は、本人が調子を悪く感じた試合と良く感じた試合のボールタッチ数を比較して数十回違うと明らかにした上で、目標値を定めてムラを少なくするようにしていましたね」

渡邉「あとはタイミングや場所も大事だよね。応接室に行って細かく説明する必要のある選手もいれば、偶然見つけたようなフリをして声をかける必要のある選手もいる。そうするために、僕はスタッフルームのドアを開けっ放しにしています」

杉崎「喋るのが好きな選手もいれば、人目を気にする選手もいますからね」

渡邉「ただ、僕は毎年欧州に行って数週間かけて現地のクラブの練習を見学するんですけど、向こうの指導者はそこまで選手に気を遣っていないんですよ（笑）。2年前に視察したアトレティコ・マドリーの練習でも、最後までピッチに立っていたのは11人のみでした。途中で控え選手は引き上げていて、先発メンバーだけでビルドアップやリスタートの確認をしているんです。その中の誰かがケガをしたら、控え選手はいきなり呼び出されて準備ができているかどうかが試される。そこで不足があれば評価されないという厳しい世界なんだなと」

杉崎「欧州や南米では子供の頃から淘汰されていきますからね。アカデミーでは毎年のように契約を更新できる選手とできない選手がいて、残留できなければグラスルーツからまた這い上がるという熾烈な競争を7、8歳から続けている。でも日本ではジュニアからジュニアユースに上がるのは当たり前で、ユースからトップに上がる時に初めて挫折を味わうと」

渡邉「そういう歴史と文化の違いがあるので、世界を参考にしつつも日本に合ったやり方を選択しなくてはいけないよね。僕もフリーだった去年、様々なJクラブの練習を見学させてもらう中で新しい試みを思いついて、さっそくレノファ山口で試しています。事前にトレーニングの内容と意図を明確に書き出した紙を貼り出して、選手には頭の準備をしてから練習場に出てきてもらうようにしているんです。まだ読んでくれているのは全員ではないですが、やっぱり予習してきている選手は理解や実践までが早い。他の選手が『やばい、俺もちゃんと見とかないと！』という危機感を抱くきっかけになるので、チーム全体で競争力を上げるきっかけとして期待しています」

ホワイトボードにも表れる渡邉監督の言語化能力

杉崎「意図を言葉にできる渡邉監督だからこそ可能な試みですよね。その言語化能力の高さには仙台時代に衝撃を受けました。どの監督もホワイトボードで戦術を説明しますけど、使い方は人それぞれなんですね。マグネットを動かす監督もいれば、絵を描く監督もいます。でも、渡邉監督はびっちりと文字を書くんですよ」

渡邉「今は減ったけどね（笑）」

杉崎「僕もこの本を書いていて感じたんですけど、言葉にして自分の意図を伝えるのは本当に大変ですよ。まず思考が整理されていないといけませんし、受け手に理解してもらえる言葉を選ばなければいけないので」

渡邉「僕はみんなが同じ言葉で同じ絵を描かなきゃいけないと考えているんですよね。それこそ岡田さんが『くさび』という言葉1つでも、コーチは『縦パス』、選手は『横パス』を思い浮かべるというお話をされていて。一人ひとりが違うイメージを抱いていたら気づかぬうちに食い違いが生まれてしまうので、まずは言葉と定義を一致させてコーチ陣も選手も感覚を共有できるようにしています」

杉崎「しかも渡邉監督は字も綺麗なんですよね。色分けもされているので一目で意図が理解できるんです」

渡邉「今も攻撃に関わる文字は緑、守備に関わる文字は青、強調する文字は赤を使っているね」

杉崎「だから選手はホワイトボードにびっちり書かれている文字を目の当たりにしても、まったく嫌な顔をしていなかったのを覚えています。むしろそれをすべて吸収したら『やれるぞ』という自信があふれてくるような信頼感がありましたね。そうして自チームのやり方は確立されていたので、次の対戦相手の直近3、4試合を見れば、僕も頭の中で実戦がシミュレーションできました」

渡邉「次の対戦相手をスカウティングしても、直近では僕たちのプレーモデルと正反対のチームとしか試合をしていない場合もあるんですよ。そこから抽出できた長所や短所が、僕たちと対峙した時にそのまま発揮されるかどうかはわからないんですけど、スギは自チームも知り尽くしていたので完璧に予測できていたんですね。だから、前の試合で失敗したプレーも使ってくれていて。パスが通らなかったシーンでも、スペースが空いてボールが出た瞬間に映像を切って、次の対戦相手なら通るだろうと。そういう見せ方は僕自身も勉強になりましたね」

――そこから忖度が生まれてしまったりしないんですか？

杉崎「その監督が何に目を向けているのかがわからないと、逆に何を見逃しているのかがわからないんですよね。そうやって違う視点を提供するために理解しておく必要があるということです。監督の目線を知っているのと、それに合わせるのは話が別ですね」

渡邉「実際にスギも客観的に現象や数字をもとにサッカーを捉えていたので、僕の見落としを拾ってくれていました。感情を抜きにしていろいろな角度から『ここはこうじゃないですか？』と意見を投げかけてくれるので、僕にとっては大きな気づきになりましたね」

杉崎「あとよく誤解されるんですけど、Jクラブでアナリストを評価するのは強化部ですからね。監督から好かれなければクビになるというわけではありません。あくまでもチームが勝つために働いているので、おかしいと思ったことには『おかしい』と言わなければいけないです」

渡邉「それこそスギは入口から違ったんだよね。アナリストとしてやってきた直後に『ピッチで球出しとかできる？』と聞いたんですけど、『まあそれくらいだったらやりますけど…』という率直な反応が返ってきたんです。僕は指導者として働くための下積みとして、コーチ時代に分析を担当していましたが、やっぱり兼任だと調べ切れなくて、結局は監督の欲しいデータを優先して集めてしまっていた。でもスギは最初からアナリストとして上を目指していて、僕に忖度をしませんでした。だから、僕自身も受け入れる態勢が取れたんですよね。さらにスギは専門職として膨大な量の情報を集めていたので、例えばふと次の対戦相手の選手について細かく質問しても、プレースタイルから性格までパッと答えてくれていた。そうやって結果を出してくれたので、すぐに信頼関係を築けましたね。だから1年でスギが引き抜かれてしまった後は、後継者がなかなか見つからなかった。僕の中でアナリストと呼べるのはスギだけですね」

杉崎「そんなことはないと思いますが、今でも結果を出し続けるのは意識していますね。さらに自分が提示したデータやレポートの通りになれば、一番信頼をつかめるので。もちろんすべてが予想通りにはならないですけど、その成功率を1％でも高くするために徹底的に調べるのがアナリストの仕事です」

アナリストは専門職として確立されるべき

——そう考えると、日本サッカーでアナリストは専門職としてさらに確立されていくべきでしょうか？

渡邉「僕も兼任したのでわかるんですけど、日々の練習を撮影して、試合映像を何試合も見て、ありとあらゆる情報を収集して、映像やデータを編集して、チームや選手に合わせて資料を作成しなければならないというアナリストの仕事量を考えると、1人でも相当大変なんですね。理想を言えば2、3人は必要です」

杉崎「そうした仕事内容を分解していって、例えば映像を細かく分析するアナリスト、資料を丁寧に作れるアナリストと分業制になる可能性はありますよね」

渡邉「業務が効率化されていけば、従来のような対戦相手だけでなく自チームまでアナリストが分析できるようになるかもしれないしね。その方が監督としても判断材料が増えるので心強いです」

杉崎「実際に欧州のビッグクラブでも対戦相手分析専門のアナリスト、自チーム分析専門のアナリストと細分化されていますね。さらに2018年からベンチに電子機器の持ち込みが許可されたので、リアルタイム分析でもITリテラシーに優れたアナリストの役割がより重要になってきています」

――ちなみに渡邉監督は仙台で、どのようにリアルタイム分析をされていたんですか？

渡邉「仙台時代はホームだと、手の空いているスタッフにスタンドから iPad で試合映像を撮影してもらっていましたね。試合中は僕がベンチで3～5つ気になったシーンを書き留めて、そのメモをハーフタイムにスタッフへ渡して映像を切り抜いてもらい、選手に見せていました。あとはインカムでベンチとスタンドを繋いで、自分たちの狙い通りに試合が進んでいるかどうかを確認していましたね。特に仙台はサプライズを起こす側で、前触れもなく4バックから3バックにシステムを変えたりすることもありました。2019年8月の川崎フロンターレ戦はまさにその形で臨んだんですけど、開始1分で左ウイングバックの関口訓充選手が接触プレーで負傷してしまって。センターバックの金正也選手を投入したので、3バックだと開始早々バレてしまうと思ったんですけど（苦笑）、鬼木達監督は試合後に『最初は全然わからなかった』と話していたんですね。やっぱりベンチからでは一目で全体像がわからない。スタンドから見た俯瞰的な視点をリアルタイムで共有できれば、想定外の事態にもいち早く気づいて対策を練られるでしょうね。ただ、アウェイでは帯同できるスタッフの数も限られていたので人手が足らず、ベンチでDAZNの映像を直接確認していました。そこもアナリストという役職が確立されて改善できればいいですね」

杉崎「それこそ2019年夏に対戦したマンチェスター・シティは、遠く離れた日本での親善試合でもリアルタイム分析を行うために4人のアナリストを動員していましたからね。スタンドで1人が撮影して3人がパソコンに向き合っていました。それだけの人数がいると発見も増えますから、大きな差を感じましたね」

――今季から渡邉監督が率いるレノファ山口にも、アナリストがいるんですか？

渡邉「山口では僕と強化部の意向が一致して、肩書きとしてはテクニカルコーチですが、前年は1人だったアナリストが今年から2人になりました。2018年からスカウティングを担当していた武石康平テクニカルコーチが退団したので、東京ヴェルディでマネージャーをやっていた山本大貴テクニカルコーチが今季から引き継ぎ、さらにＳＣ相模原で分析担当コーチをやっていた弓谷蓮テクニカルコーチが入っています」

――弓谷テクニカルコーチは専修大学で学生コーチをされていた方ですよね。

渡邉「そうです。弓谷テクニカルコーチは今も学生なんですよね。直接彼と話をして大きな熱意を感じたのもあり採用しました。まだまだ経験は浅いので僕が宿題を出しながら、まずはアナリストの基本的な仕事に慣れさせています。先日もユースとの練習試合からいくつか気になるシーンを抜き出してほしいと頼んでみたら、試合翌日の夕方には映像を送ってくれましたね。彼は僕がトレーニングでよく口にしている『立ち位置を大事にする』という原則をもとに『このタイミングでここにいないとダメですよね』というメッセージを込めて映像を作ってきてくれました。ただ今後を考えると、例えば『1人で2人を困らせる』という立ち位置を取る僕たちを研究して、マンツーマンではめてくるチームも出てくるかもしれません。そうなると全体の配置を守りつつも、あえて局地的に立ち位置を外して相手をズラしていく流動性も求められる。応用力を選手が身につけていくには、一定の許容性が必要になるので、その線引きを見極められるようになろうという話をしましたね」

杉崎「そこは難しいですよね。やり過ぎると結果論だと言われてしまいますし」

渡邉「そうだね（苦笑）。でも認めてあげないと、選手が『指示通りにやればいいんでしょ』と自発的に動かなくなって成長に繋がらなくなってしまう。その許容範囲は僕も6年間、仙台で監督を経験させてもらう中で、少しずつ広げられましたね。だから今振り返ると『2017年や2018年はもう少し選手たちに伸び伸びやらせてあげてもよかったかな』と思ったりします。矛盾しているようですけど、こだわりを持ちつつも、こだわりを捨てなければいけないのが監督の仕事なので」

杉崎「そこは選手たちも迷っているでしょうね。今は新監督が何を許して何を許さないのかを手探りで試していて、選手の頭の中にも疑問符が出てきやすい時期だと思います。悩んでいる選手はアナリストに声をかけてくれることも多かったりするので、山口のアナリスト2人がコミュニケーションを取る中で、渡邉監督の考え方と一致させていけると面白い化学反応が生まれそうですよね」

——最後に、テクニカルコーチ2人には今後スカウティング以外の役割も任せていくのでしょうか？

渡邉「ゆくゆくは自チームやアカデミーを含めたクラブ全体を分析できる役割も任せていきたいと考えています。まずはプレーモデルの浸透度や選手の成長を定点観測してもらって、クラブの現状を見据えてほしいです。もちろん決定権は社長、ＧＭ、監督、アカデミーダイレクターにあるんですけど、そこにアナリストがより多くより洗練された判断材料を提供してほしいというアイディアです」

杉崎「とても面白い試みですね。新しいアナリスト像が山口から生まれることを期待しています」

Photo: ©RENOFA YAMAGUCHI FC

Susumu Watanabe
渡邉　晋

1973年10月10日生まれ。現役時代はコンサドーレ札幌、ヴァンフォーレ甲府、ベガルタ仙台でDFとしてプレー。2004年に引退すると、ベガルタ仙台で巡回コーチ、ユースチームコーチ、トップチームコーチ、トップチームヘッドコーチを歴任し、2014年のシーズン途中に同クラブ史上初のOB監督としてトップチーム監督へ就任。以降、6年間で2017年のルヴァン杯ベスト4進出、2018年の天皇杯準優勝などクラブ史上初となる成績を残した。2021年よりレノファ山口の監督を務めている。

Method 3　Game Analysis

アナリストの試合の見方

サッカーの「肝」とは何か

まずは、サッカーとは何かについて、あらためて整理していく。サッカーにはいくつかの基本がある。人数、ピッチサイズ、ライン、時間、距離といったルール。それらにボールを三次元に扱える自由度や、人間が行うことによる心理面などが絡む過程で、どちらがより多くのゴールを奪ったかという結果に応じて勝敗が決まるスポーツである。

もう少し深く掘り下げてみるために、あえてサッカーファンには当たり前のことを記してみる。ラグビーボールやバドミントンのシャトルとは異なり、サッカーのボールは丸い。それをフィールドプレーヤーは手で触ることができないため、基本的には足で扱うことになる。止めるのも蹴るのも自由で、ボールを持つ時間にも蹴る方向にも制限はない。どこへ蹴っても構わず、相手に当ててもいい。バウンドさせても浮かせても、落とさなくてもファウルを取られることはないが、ラインを越えてしまえばボールが相手に渡って再開される。ボールを持っている相手選手を突き飛ばしたり、足をかけたりすればファウルを取られるが、肩同士でのタックルは認められる。もしファウルが行われた場合、ペナルティエリアと呼ばれるエリアの外では、ファウルを受けた側のフリーキックとなり、中であればペナルティキックが与えられる。

この説明だけでも「サッカーはどれだけ自由度が高く、それゆえに複雑なのか」がわかるが、加えて細かなルールもある。実際に日本サッカー協会が発行した2020—21の競技規則は、222ページにもわたって記されている。それほどまでに複雑な競技を理解する上で重要なのは、「肝」をどれだけ押さえられるかだ。

サッカーは相手より多くのゴールを奪うことが目的であるため、どうやって自分たちがゴールを奪い、相手にゴールを与えないかが焦点となる。ボールを後ろに下げる一方ではゴールを奪えないし、相手にボールを渡してしまえば逆にゴールを奪われる可能性が高まってしまう。つまり、ゴールを奪うためには縦にボールを運ぶ必要があり、奪われないためには相手に渡さないこと、もしくは渡してしまった場合に奪い返すことが重要だ。これがサッカーの肝となる。記者会見やインタビューでよく耳にする監督の言葉がある。

「システムがどうとかは関係なく、自分たちのサッカーをするのが重要です」

どんなフォーメーションか、ポゼッションとは何か、ゲーゲンプレスとはどんな守備か。

ピッチ上の事象を解説するために、そうしたいわゆる戦術用語がよく使われるが、競技規則には載っていない。その定義や真意はその監督しかわからないが、そこで重要なのはサッカーの肝をしっかり押さえているかどうかだ。縦にボールを運び、相手に渡さないことを理想としながら、いかにゴールを奪い、奪わせないか。その最適な方法を選手に落とし込むために、監督たちは自分たちのサッカーを重視している。

他にもサッカーには様々な専門用語が存在するが、それらはあくまでそのスポーツを語るためのツールのようなものであると捉えることが重要だ。当然、多くの用語を知っておいた方がよりサッカーを理解できるし、見る面白さも増すだろう。しかし、これらはサッカーを知る上で必要な要素でありながらも、肝ではないことを知っておく必要がある。これらを整理できていれば、実際の試合を見た時の理解度は上がるだろう。

新しい「4局面」の捉え方

サッカーとは何か、サッカーの肝とは何かを理解したところで、実際に試合を見る上での視点を提供していこう。まずサッカーの試合の見方の1つに、「局面」がある。局面とは、攻守が循環するサッカーをどんなシーンに切り分けていくかということだ。一般的にはボールを基準として、ボールを持っている時、持っていない時、そしてそれらが入れ替わる時に分けられたり、攻撃、守備、攻撃から守備、守備から攻撃の4局面として捉えられることが多い。

ただ、こうしたサッカーの捉え方には正解がなく、様々な意見がある。実際に私も否定しているわけではないが、そうした考え方を採用していない。では、どう違うかというと、サッカーのベースであるピッチサイズやライン、距離に沿って考えている点だ。私は、攻撃と守備を自陣か敵陣かで分けて局面化している。

1. 自陣での攻撃

2. 敵陣での攻撃

3. 敵陣での守備

4. 自陣での守備

この4つの中には、目まぐるしく攻守が入れ替わる「瞬間」もあるだろうし、それが頻繁に起こる試合もあるだろう。だが根本的には、どこにボールがあり、それに対して両チームが何をしようとしているのかは、攻撃か守備のどちらかしかないというのが私の持論だ。ボールが真ん中にある場合はどうするのか、という意地悪な質問にあらかじめ答えておくと、サッカーにおいてボールがハーフウェイラインの前後10mあたりを行ったり来たりし続けるケースは稀だ。その後の流れでどちらの陣地の攻撃か守備かを見ればいいだけである。あくまでも個人的な見解だが、実際に私が用いているこの4局面を軸に分析方法を展開していく。

もう1つサッカーの見方となるのが「時間帯」だ。サッカーは前後半45分ずつ、計90分とロスタイムを含めた時間で行われる。私は、これを15分区切りで6分割し、それぞれの時間帯によってこの「局面」の見方を変えている。

各時間帯で何を見ていくと理解が進むのか。それは対戦する2チームのことを知らないか知っているかによっても左右される。知らないチームとは、まったく今まで見たこともないチームや、1試合程度しか見たことがなく詳細がわからないチームのことだ。一方、知っているチームは、自チームや長く応援しているチーム、対戦相手として以前から見ているチームだったりする。その知識のレベルに違いはあるだろうが、それによって見方が若干変わってくる。まずは両チームともによく知らないチーム同士の試合を見る時の視点について記していこう。知っているチームを見る時にも、そのまま応用できるからだ。

・0〜15分

最初に始めるのは、両チームのシステム（フォーメーション）を確認すること。両チームともに知らないチームという前提なので、これには少し時間がかかるだろう。選手の配置、名前、背番号を照らし合わせ、ボールを持っている選手が誰かが一目でわかるように記憶していく。この認知は早ければ早い方が良く、開始10分以内に完了しているのがベスト。すぐに噛み合わせを見ていかなければならないからだ。誰と誰がマッチアップ(対峙)しているのか。もしくは互いにかみ合っていないため、その都度マッチアップする選手が変わるのかどうか。いずれにしても、この個々の対決の優劣によって勝敗が決まることもあるため、初めにそれを認識しておくことが重要となる。

これらと同時並行で見なければならない点もいくつかある。1つはテンションの高さだ。仮にテンションが低い場合、相手の出方を見ているのか、それとも後半に向けた体力の温存を考慮してなのか。時間の経過とともに様相が変わるはずなので、この温度差を感じ取らなくてはならない。また、選手がプレーしているピッチ内だけでなく、ピッチ外にも目を向けることもある。ベンチで監督が激しくアクションを起こしたり、誰かにすぐ指示を送ったりしている場合は、そのテンションや相手のシステムなどにおいて主導権が握れていないことが多いからだ。とはいえ単にボールを持っているチームが優勢というわけではない。重要なのは準備してきた通りに事を運べているか、すなわち「想定内」であるかどうかだ。例えばいわゆる堅守速攻、守備を固めてからカウンターを狙うチームにとって、ボールを握られることは劣勢ではない。ただ、狙い通りにボールを奪えていないのであれば、そのチームにとって「想定外」を意味し、主導権を握れていないということになる。これを見極めるために、選手やベンチの反応を見るというわけだ。

両チームともよく知らないチームの場合、この見極めに15分では足りないかもしれないが、慣れてくると数分でわかるようになるだろう。しかし実際の試合では、開始数秒でチャンスを作るチームもあるし、10分以内にゴールが生まれることもある。その現象や原因も追いながらシステムやテンション、ベンチワークを捉えるのは、簡単ではない。とはいえ、仮にそれらが起こったとしても、試合は90分で行われるため、そこからいきなり別のチームのような振る舞いをすることはないだろう。

まずは最初の15分に関しては、チャンスや得点シーンにフォーカスし過ぎず、そのチームの狙いを読み解くことに重点を置いておくと全体像を把握できるはずだ。ちなみに、アナリストは試合前の準備として、選手に映像やデータを駆使しながら、相手のシステムや特徴などを伝えている。それは、試合の直前でも行うことがある。相手の先発メンバーが予想通りでない場合は、選手、特にキャプテンと一緒に対策を練る可能性が高い。試合開始と同時に「キャプテン」の振る舞いに着目すれば、誰かに指示を送っているシーンが見られるかもしれない。

・15〜30分

両チームのシステムや噛み合わせ、テンションや主導権争いがわかれば、試合の展開が少し落ち着く15分以降の時間帯に注目すべきは互いのビルドアップだ。ビルドアップとは、GKを含む後ろからのパスの組み立てのことで、そのチームの攻撃のスタイルを表す。局面で言えば「自陣での攻撃」だ。例えばゴールキックの時、素早く始めるのか、全員が上がるのを待ってから長いボールを蹴るのか。素早く始めるとして、その配置は基本システムからどう変化するのかなどを見ていく。相手の守備はどう対処するのかまで同時に注視できれば上級者だ。それは相手側からすると「敵陣での守備」の局面となる。

具体的な例を挙げてみると、攻撃側の基本システムがDFとMFが4枚、FWが2枚の4—4—2で、ゴールキックの時は中央のMFのうちの1枚が少し下がって後ろが3枚となり、DFの両サイドの選手が高い位置を取ることで3—5—2に変化していたとする。ただ、こうして選手の動きに応じて並びを数値化しているだけでは意味がない。重要なのは、それを「なぜ」行ったのかを考察することだ。相手のFWが2枚だったから、数的優位を作りたいがために後ろを「3枚」にしたかもしれないし、相手に関係なくいつもそれを行っているかもしれない。様々なバックボーンを推察しながら、「なぜ」それをしたのかを考察し続けることで見え方は変わってくる。

さらに大事なことは、こういった変化や戦術を一目見たからといって、そのチームの特徴として決めつけないことだ。サッカーとは自由度が高いスポーツであり、試合中の修正も容易に行えるし、選手は毎回同じ動きをするわけではないからである。うまくいけば継続するだろうし、ボールを奪われたり思うように前進できなかったりすれば形を変える可能性だってある。だからこそ繰り返すが、常に「なぜ」の視点を持って見ることが重要だ。

私はこの時間帯において、特に互いのビルドアップ、つまり「自陣での攻撃」に注視し続ける。当然、実際の試合ではそれを飛び越えて最後の崩しの場面がいくつか生まれているかもしれないし、得点も生まれているかもしれない。ただ、ここに注視しておくと、仮にチャンスなどが発生した時も、逆算してそれがどこから生まれたかを即座に把握できる。だから、目ではゴール前へ進められるボールを追いかけながら、頭では自陣での配置や流れを整理している。

注意しなければならないのは、単にボールの周辺で起こっている事象だけ追いかければいいわけではないという点だ。ボールとは逆のサイドの選手が何を行っていたのか、どこにいたのか、何を考えていたのかまで見るようにしている。チームの狙いとして逆サイドに展開しようとしているかもしれないし、相手を一方のサイドに引きつけるためのポジショニングかもしれないからだ。また各選手がボールを離すスピードの速さも見るようにしている。チームの色が反映されやすい部分でもあり、洗練されているチームの場合は各選手がボールを持つ時間は短いことが多い。次に何をすべきかが明確になっている証拠で、なおかつハイテンポを望んでいる監督の意向が組み込まれている。

一方で、それらは相手の守備の仕方によって起こっている現象かもしれないということ考慮する必要がある。相手がボールを奪いに行くプレッシャーが速ければ、それを回避するために早くボールを離さないと奪われてしまう。逆に遅ければ、早くボールを離すとかえって失うリスクが高まるため、意図的にゆっくりボールを持っているかもしれない。その上で、ボールを止めるファーストタッチの向きに着目すると、そのチームのコンセプトが見えたりもする。相手のプレッシャーが速く厳しくても前方向にトラップするシーンが多ければ、そのチームはアグレッシブさを追求しているだろうし、後方向にトラップするシーンが多ければ、ボールを保持することを追求しているのだろう。

両チームの「自陣での攻撃」にフォーカスすることで、守備に回ったチームの「敵陣での守備」も見られるはずだ。ではどう見るかというと、まずはCF（センターフォワード）やウイングなどのFWの動き方からチェックする。どの位置からボールを奪うためのプレスを仕掛けるのか、もしくは相手の出方を見ながら待ち構えるのか。その動き方は、FWが独断で行っている場合もあるし、後ろからの指示を待っている可能性もある。声が通りにくい試合では、後ろを振り返って確認するなどFWの頭の動きでわかることもあるだろう。

彼らを動かす役割を担うのが、ボランチと呼ばれる中央のMFの選手たちだ。システムによってその枚数は2枚だったり3枚だったりするが、いずれにしても敵陣での守備においての中心は彼らとなる。どうFWを動かし、自らは誰を捕まえ、どこでボールを奪おうとしているのか。もちろんボランチだけでなく、攻撃時と同様に守備を見る時も、ボールとは逆のサイドにいる選手がどこにいるのかに注目する。さらに余裕があれば、最後尾の選手たちの位置も把握できた方が良い。ボールからの距離がどれくらいなのか、あるいはFWとの距離をどれくらい保って連動しているのか。具体的な数字に落とし込めば表現方法も変わるだろう。よく「コンパクト」と表されるが、「FWからDFラインまで30m」

と表した方がわかりやすい。

ただ、攻撃に比べて守備の見方は非常に難しい。相手ありきのリアクションとなるので、相手が攻撃のやり方を変えれば守備のやり方も変わる可能性がある。見るべきものと整理すべきものが多数存在するため、この時間帯は「自陣での攻撃」と「敵陣での守備」に焦点を当てるのである。これらを明確にすることで、後の「敵陣での攻撃」と「自陣での守備」も理解が早くなるだろう。

・30～45分

ここまでの時間帯で、両チームとも知らない前提で試合を見ていたとしても、互いのスタイルは把握できているだろう。ここからは、それをベースにしながら「敵陣での攻撃」と「自陣での守備」に焦点を移す。

敵陣での攻撃で見極めるべきは、まずピッチのどのエリアを攻略しようとしているかだ。右か左かだけではない。相手のボランチの横なのか、SBやWB（ウイングバック）の裏なのか、CB（センターバック）の前なのか。その割合を打ち出せれば、さらに「なぜか」

を考える。相手の弱みだからなのか、自分たちの強みとなる選手がいるサイドだからなのか、パスを出す司令塔の独断なのか。これは単独の選手を見ているだけではわからない。チームとしてどう攻略しようとしているかを読み解くのが重要だ。

例えばパスを細かく繋ぐチームは、各選手の距離感を大事にするだろう。同じサイドに何人も人数をかけるかもしれない。それがいつも右に偏っていれば明らかに意図があるし、いつもボールの近くに人数が多くなるのであれば、特定のエリアを攻略するのではなくボール保持に注力していることになる。長いボールを多用するならば、パスを細かく繋ぐチームよりかは各選手の距離感が遠いだろう。ヘディングが得意でない相手選手のところにあえて蹴る場合もある。あるいは中央突破を狙うためにサイドに人を置かず、相手のボランチ付近に3人も4人も配置する戦術を敷くチームもあるだろう。

サッカーは自由度が高いゆえに戦術も様々あり、1つに絞ることは難しい。敵陣での攻撃を整理する時、特徴的なものを3つくらいにまとめられると整理しやすくなる。加えて、サッカー用語を用いると、最後の崩しの場面において必ず発生するのは、クロスかスルーパスかシュートである。それぞれが、どこでどのような状況の時に発動しているのか。さらにそれを、客観的に数字で表せられるとより理解度が増すはずだ。

「攻撃回数10回に対してクロスが2回、スルーパスは5回あってシュートは1本あった。狙いとしては相手の背後を取るためにスルーパスを積極的に活用することが見て取れた」

こういったレポートの方が、ざっくりとした言葉を並べるよりも理解できることは自明だろう。

これらを読み取るにはあくまでボール周辺の選手の配置や動きをメインに見なくてはいけないが、攻撃側のチームは同時にボールを失った場合にカウンターを受けないようにするリスクマネージメントを行っていることがある。ボールと関係ない後方の選手は、相手との距離をどれくらいで保っているのか。ボールを目で追ってしまっていて、残っている相手選手を見ていないケースもある。そういった位置取りまでを含めて、「敵陣での攻撃」を見なければならない。

特に30分を過ぎる時間帯は、体力的にも厳しくなってくるため、それまでできていたことができなくなったりする。試合の中継ではよく「オープンな展開」と表現されるが、その言葉は概ねこの時間帯に出てくることが多い。それでも変わらずにチャレンジしているのであれば、チームの狙いやコンセプトである可能性が高い。キックオフから15分以内に起こった現象が再現されないのであれば、やはりそれは偶然であって狙いとは異なるものだったと判断できる。だからこそ、最初の時間帯で自陣での攻撃を整理しながら、最後の時間帯で敵陣での攻撃に焦点を当てるのである。

守備に関しては、「敵陣での守備」の時と同様、見るのが難しい。特にこの時間帯は体力的に厳しいだけでなく、失点せずに試合を折り返したいために重心が下がるケースが多く、よりリアクションの色が濃くなるからだ。

その中で見るべき点は、まずＦＷの守備の位置と意識である。敵陣での守備はアグレッシブにプレッシャーをかけるシーンがほとんどだろう。一方、自陣での守備ではチームによってＦＷの動きの違いが明確に表れる。例えば、自分の後ろにボールを運ばれた時、戻るのか、戻らないのか。それはボールとは逆サイドの選手にも当てはまる。ウイングやサイドハーフは歩いているのか、はたまたボランチに連動してしっかり絞っているのか。リアクションが増える時間帯で疲労度が増していると、このような献身的な動きがあるかどうかが明確に見える。

次に注目すべきは、ボランチの動きだ。チームの心臓部と言える彼らの動きは、組織的な守備の仕方を見る上でキーとなる。例えばボールがどちらかのサイドに出された時、ボランチがどこまで近づいてサポートするかによって、どのように自分たちのウィークポイントを補おうとしているのかがわかる。積極的にサポートしに行くのであれば人数をかける必要があると感じているだろうし、逆に様子を見ていればサイドハーフとSBに任せてもいいという判断かもしれない。

FW、MFのポジションの役割が見えてきた後に確認するのは、彼ら後ろに位置する4〜5枚のDFラインとGKの動きだ。自陣での守備を見る時、最終ラインの選手たちは多くの時間で「自分の前でボールが動いている」状態で、前向きに守備をしていることになる。それを踏まえて見るべきは、横の繋がりである。複数の選手が同じラインに並んで上下動しているのか、それとも相手をマークすることに重点を置きラインは気にせず動くのかなど。さらに、それがどういう状況の時に起こるのかを整理する。

また、アナリストの目はGKにも向けられている。ゴールエリアを出るのか、閉じこもるのか。コーチングは的確か、クロスやスルーパスを出された時の反応は早いのかなど。

最後の砦として手が使える特殊なポジションである以上、チームの色も出やすい。

全体の動き方が把握できれば、最後はペナルティエリア内での守り方を見る。立ち位置や対応の仕方で、そのチームのストロングポイントとウィークポイントが浮き彫りとなるからだ。相手をしっかりマークするのか、それともある程度決められたゾーンを守り、そのゾーンに入ってきたボールや相手を見る守り方をするのか、GKとの距離を縮めるのか、それともGKが動ける範囲を確保するため高さを保つのかなど。また、それらを回避した時、あるいは失点した時のチームとしての振る舞いを見る。サッカーはなかなかプレーが途切れないが、タッチラインを割ったりゴールが生まれたりすれば数秒間の時間が生まれる。そこでのコミュニケーションを注意深く見ていると、何を修正しようとしているのかわかるだろう。また、余裕があれば直後に迎えるハーフタイムでそのチームの監督がどう修正するのかをあらかじめ考えておくのも理想だ。

・45〜60分

前半である程度、両チームの4局面を追えていれば、後半はその確認をしながら「変化」

を見ていく。まずは後半最初の15分に色濃く表れる、ハーフタイム中に施した修正を確認する。ハーフタイムの過ごし方は監督によって異なる。勝っていても負けていても檄を飛ばす人や、とにかくポジティブな声かけをする人、あまり多くを語らずに選手同士での話し合いを促す人がいるように多種多様だ。それによって選手の配置が変わることがある。システムは同じでも選手を左右で入れ替える場合もあるので、あらためて全員を見る必要があるが、すでに基本的な配置やシステムはわかっているので、確認に10分も要さないはずだ。

数分で終わらせて移る次のステップでは、あらためてビルドアップの確認をする。チームによっては、前半と後半で攻撃の形を変えることがあるが、それは前半開始から15分における「テンション」が関係してくる。相手の様子を見ていてテンションが低かった場合、この時間帯でギアを変えることがあるからだ。ハーフタイムでも修正を施しやすい局面であり、変化を加えやすい局面でもある。

前半でスコアが動いている場合、特に負けているチームはこの時間帯でより多くの変化が現れやすい。得点を取りにいかなければならないため、前半と同じような形だったとしてもアグレッシブさが異なるだろう。最初にテンションの温度差を感じ取れていれば、ここで違いに気づけるというわけだ。

・60〜75分

前半との違いやハーフタイムでの修正を見抜ければ、後半15分以降の時間帯として「選手交代による変化」や「スピードの変化」を見る。この時間帯になれば、得点状況や試合の主導権は明確なはずで、基本的には劣勢のチームの方が先に動く。ベンチワークに目を配るとわかりやすい。選手交代を考えているのか、選手の配置を変えるのか。監督が独断で決める場合もあれば、コーチ陣と話し合って決める場合もある。ただ疲れている選手やミスが多い選手を代えるだけでは状況は変わらないため、チームとして誰と誰を入れ替えたらリズムが良くなるのか、相手のウィークポイントを突くには何を変えた方が良いのかを想像する力も必要だ。

もちろん、得点が動かずスコアレスで推移する試合もある。そういう展開だとしても、基本的にはベンチワークを見るようにしている。その状況を良しと捉えているのか、何か変えなくてはと困惑しているのかがわかるからだ。

もう1つ見るのは、スピードの変化だ。それは、選手やボール、アクションの速さを指す。徐々に疲労が溜まってくるのは全選手同じだが、さらにギアを上げてくる選手がいる場合もある。もしかしたら控えに同じポジションの選手がいて、交代できるオプションがあるため疲弊を気にしていない可能性まで考慮しなければならない。

またチームとして、前半の反省を踏まえてボールのスピードを上げることもある。その基準となるのが、15〜30分でチェックした球離れの変化だ。試合も終盤に差しかかるにつれて、この違いによって生み出される得点もあるだろう。

アクションのスピードの変化も見逃せない。それは選手個々の判断のスピードかもしれないし、チームとしてこぼれ球へのリアクションかもしれないし、さらにはベンチワークの反応の早さかもしれない。これらを前半で整理した「4つの局面」それぞれに掛け算することでチームとしての狙いが見えてくる。

・75〜90分

最後の15分間は、逆に「4つの局面」を重要視しない。残り時間が少なくなれば、得点を取るためにいわゆるパワープレーのような形を崩して攻めるケースもあるし、後ろの人数を増やして守りを固めるケースもあるからだ。では何に焦点を当てるかというと、各選手のメンタリティやバイタリティである。最もわかりやすいのは声かけだ。誰が積極的に声を出しているのか、それはポジティブなのかネガティブなのか。それに対する周りの反応を注視していると、チームとして潤滑に機能しているかどうかがわかる。もし大歓声によって声が聞こえないのであれば、選手の一挙一動を確認する。または相手との競り合いや接触において逃げ腰にならず、激しく闘志を剥き出しにする選手もチェックする。こういったメンタリティやバイタリティを持つ選手はチームの中心的存在であり、試合内容を左右することが多いからだ。

自チームの見方

基礎となる両チームともに知らない場合の試合の見方を転用して、まずは自チームや応援していいるチームなどの知っているチームの見方を紹介しよう。

自チームの見方を紐解くと、同時にリアルタイム分析の話にも繋がる。時間帯ごとにチェックするポイントは同じでありながら、自チームの配置や選手の特徴、メンタリティなどはすでにわかっているため、最初から「4つの局面」をすべて追うことができる。

目的は何かというと、相手よりも多くのゴールを奪って勝利を収めることである。それに沿いながらそれぞれの局面において問題点はないか、修正点はないかなどをチェックするのがリアルタイム分析だ。

最初の15分は、試合前に行った準備通りに進んでいるかどうかを見る。相手とのマッチアップはどうなっているのか、相手の出方は予想と違うかなどを整理する。その上で、選手たちの反応はどうか。予想と異なった場合、選手たちの応用力が試されるからだ。それにいち早く気づき、外から修正するのが監督やコーチ、アナリストらの役目なので、最初の15分での見極めは重要となる。監督によっては、試合序盤からシステムを変えたり指示を与える人もいる。だからこそ、そうした変化にも敏感に気づけるよう目を配っておく必要がある。

前半の残りの30分は、各局面においての修正点としてわかりやすいシーンをいくつか記録しておく。それらをベースにハーフタイムで修正をかけられるからだ。もちろん選手個別に細かな修正を施すことは試合中でもできるが、各選手の立ち位置やボールの回し方、守備での注意点などはチーム全体で共通認識を持たないとバラバラになってしまうリスクがあるため、試合中に大がかりな変更はできないケースが多い。

ハーフタイムに修正する時、注意しなければいけないのは相手も修正してくることを考慮する点だ。相手が後半も前半と同じ戦い方を見せてくるとは限らない。だからこそ、相手側の視点も持つことが重要で、その修正点を予測できればそれを上回る対策が取れるというわけだ。

後半がスタートすると、そうした互いの修正点がどうぶつかり合うのかが見て取れる。得点状況にも左右されるが、まったく同じテンションや同じ戦い方で再開するチームは少ないだろう。もうチームで話し合える時間はないため、修正が可能となるのは選手交代のみ。後半の15〜30分は選手交代による変化が目まぐるしく起こるため、ピッチ内外の両方を確認しなければならない。例えばベンチで選手が監督から念入りに指示を与えている場合は、交代でピッチに入った後に伝言ゲームのように監督の具体的な指示を全員に浸透させて修正していくことがある。ただ、選手と念入りに話し込んでいるのが監督でなくコーチの場合は少し注意が必要だ。単にセットプレー時の立ち位置を細かく指示されているだけかもしれないからである。

最後の15分間は、知らないチーム同士の試合と同様に各選手のメンタリティやバイタリティをチェックする。リードしているか否かに関わらず、試合後の選手へのケアを行う上でも、選手の心情を理解しようと試みなければならない。あるいは試合が終了した直後の振る舞いも、選手のメンタリティが表れるため注視しておく。これまでの局面やプレーに加えてメンタリティの部分もトータルして見ることで、次に向けた的確なアドバイスが送れるようになるのである。

対戦相手の見方＝スカウティング

自チームに関しては、普段から見ている、もしくは何試合も見ているため細かな違いにも気づけるだろう。しかし、次に対戦する相手の試合を見る時は、わずかな変化に気づくためにも、自チームより注意深く見なければならない。対戦相手の試合を見たり分析することは「スカウティング」と呼ばれることが多い。

スカウティングでは、試合前から見るべきものがある。特に現地で見る時にチェックできるのはウォーミングアップだ。対戦相手がピッチに入ってウォーミングアップを終えるまで、ずっと観察し続ける人は果たして何人いるだろうか。そもそも事前に次に対戦する相手の試合を現地まで見に行く人は少ないかもしれない。

では、なぜアナリストは相手のウォーミングアップを見るのか。そこにはいくつかの発見があるからである。ほとんどのチームの場合、体を動かして温めた後はボールやピッチの感覚を確かめるパス交換を行い、5対5のポゼッションと呼ばれるボールをキープするセッションを実施する。そしてロングボール、クロス、シュートなど、強度の高いキックの確認をした後に、スプリントなどのダッシュをして心拍数を上げてからロッカールームへと引き返す。

こうした主流の中で、コーチ陣の熱の入り方から、各セッションのディティールまで特色が表れる。さらに見るのに慣れてくると、チームがどんなテンションで行い、調子が良さそうなのは誰なのかまでわかるようになる。あるいは、システムを読み解くこともできたりする。コーチが手で投げたボールをヘディングで返す練習をしている選手はCBであることが多いが、2人で行っているのであれば概ね4バックであり、3人で行っていれば3バックでスタートすることが予想される。もし試合前のウォーミングアップを見る機会があれば、ぜひ注目してみてほしい。

試合が始まったら同様に時間帯で試合を見ていくが、対戦相手の場合は選手個々により注目する必要がある。どちらの足が利き足かくらいは簡単に見分けがつくと思うが、その選手の特徴を攻守で3つずつ挙げなくてはならないとしたら、どうだろうか。キックオフから15分で全員分を網羅するのは難しいが、90分を通してなら可能なはずだ。

一方でチームとしての戦術を見る時、特に対戦相手の場合は再現性を重視する。再現性とは、攻撃でも守備でも、同じようなことが起こった場合の原因や現象のことを言う。偶然性ではなく必然性とも言い換えられる。少なくとも何かしらの狙いを持って攻守ともに表現しようとするのがチームであり、自分たちのストロングポイントを生かしながらウィークポイントを出さないようにして勝利を目指すのは当然だ。それが具体的に何なのかを紐解くのである。もちろん、ある一方のチームだけを切り取って見ると間違った情報収集になりかねないので、その試合における相手との兼ね合いの中で生まれた事象を考察する。それを踏まえた中で各局面における再現性が見えてくれば、それをそのままレポート化できるだろう。

スカウティングレポート

では、実際にどのようにアウトプットしていくのか。実際にスカウティングを行う上で私が持ち運び、試合中にメモを取るために使用していたレポートをいくつか紹介していこう。

まず**レポート①**では、システムや環境面、ウォーミングアップなどの情報を整理している。各選手の名前や特徴などを記号で記し、わかりやすくまとめるようにしている。Jリーグの試合では、ケガ人の情報や累積警告の枚数などはインターネット上に公開されている

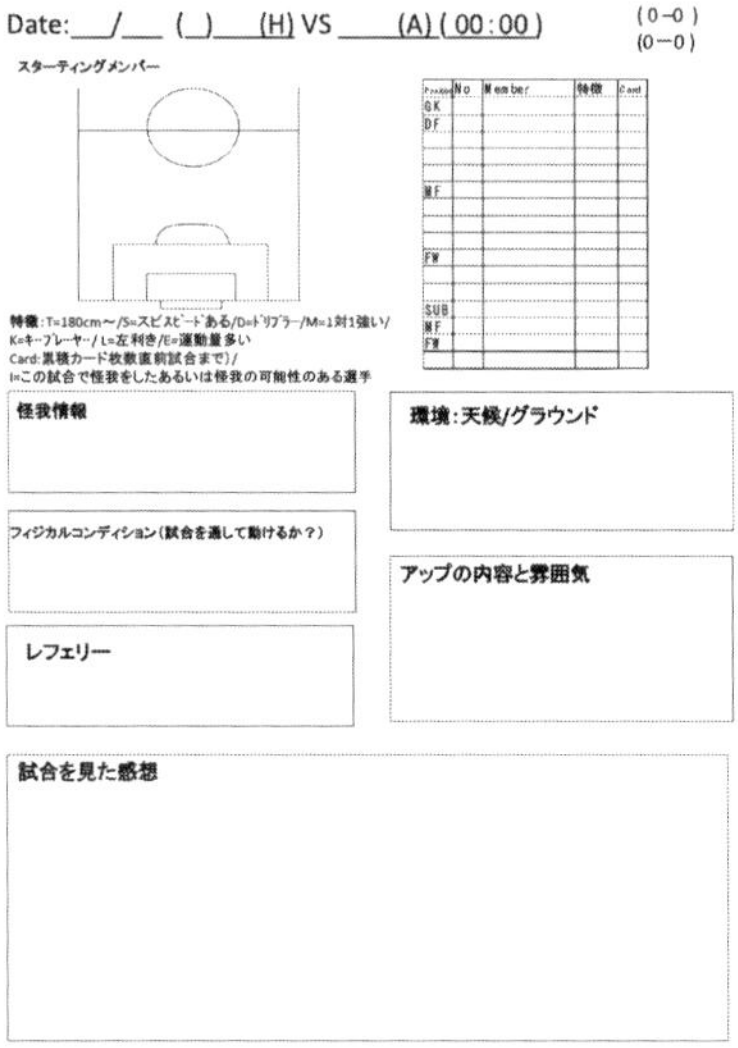

Date:___/___ (_)___(H) VS ____(A) (00 : 00)　(0−0)
(0−0)

スターティングメンバー

Position	No	Member	特徴	Card
GK				
DF				
MF				
FW				
SUB				
MF				
FW				

特徴：T=180cm～/S=スピスピードある/D=ドリブラー/M=1対1強い/
K=キープレーヤー/L=左利き/E=運動量多い
Card:累積カード枚数直前試合まで）/
I=この試合で怪我をしたあるいは怪我の可能性のある選手

怪我情報

環境：天候/グラウンド

フィジカルコンディション（試合を通して動けるか？）

アップの内容と雰囲気

レフェリー

試合を見た感想

レポート①

ため、あらかじめチェックしておく。

また、あまり知られていないかもしれないが、アナリストは審判も分析する。その試合のレフェリングのみならず、過去にその審判が担当した試合を見て、ファウルの基準や傾向などを分析し、選手に情報として提供することもある。

レポート①の最後にある感想とは、その名の通り見たままの感想を記す。現地観戦の場合は、即座に感じたことを書く。もちろん後で映像を見返すが、まずはリアルタイムで感じた第一印象をありのままに記録しておくことに意

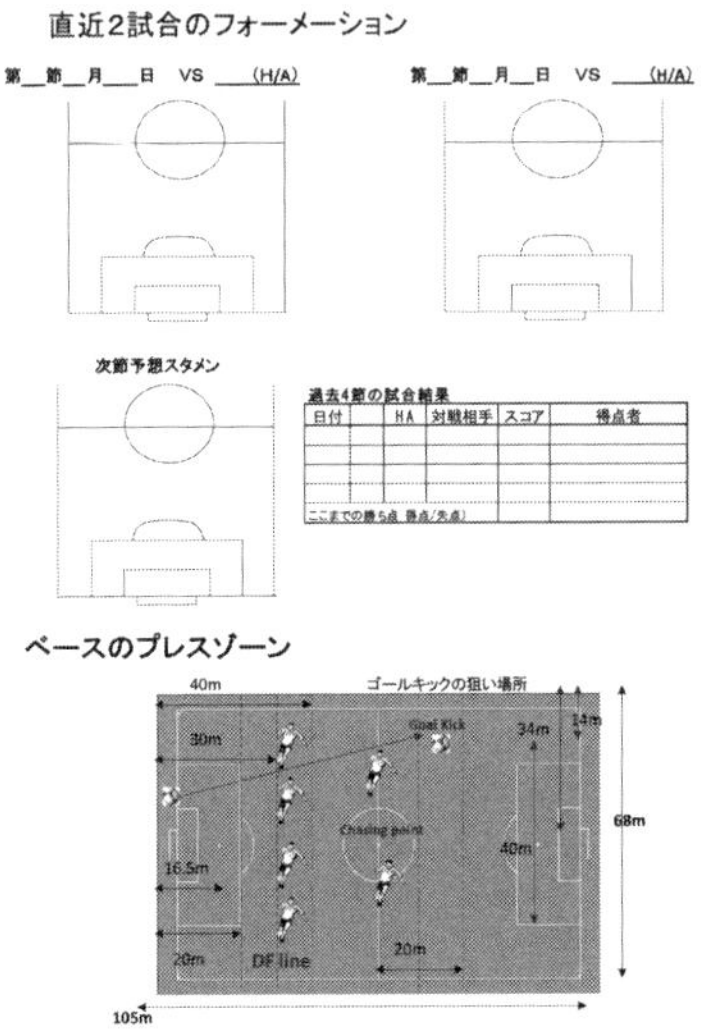

レポート②

味がある。例えば、想像していたよりインテンシティが高かったり、試合中に何度も選手に呼びかけをしていた監督が印象的だったり、お客さんの反応がワンプレーごとにあって後押ししていたりと、抽象的でもあろうと具体的であろうと感じた何気ない一面を残しておくことで、のちに映像を作成する際に参考になることもある。

次に**レポート②**で書くのは、事前情報である。その試合の前までの2試合におけるシステムや、ゴールキックの狙い（自陣での攻撃）、プレスのスタート位置（敵陣での守備）、最終

Offense:ﾊﾟﾀｰﾝ/ｺﾝｾﾌﾟﾄ/Strong points (高さ・ｽﾋﾟｰﾄﾞ・ｺﾝﾋﾞﾈｰｼｮﾝ)/ｷｰﾌﾟﾚｰﾔｰ/ﾎｯﾄﾗｲﾝ)

・トップの選手のタイプと動き

・サイドハーフのタイプと動き（上下にハードワークするか？）
（左右にポジションチェンジするか？）

・ボランチの攻撃参加

・サイドバックのタイプと動き

・ポゼッションかカウンターか？

・最も気を付ける選手は？

・誰から誰へのパスが効果的か？

・クロスの時の中の動き（逆サイドのMF・2列目からの上がり、FWの動き）

・リスタートのパターン（クイックリスタート？セットしてロング？）

・各局面における守備→攻撃の切替は早いか？

・ボールを奪った後のファーストアクションは？

・サイドアタックのパターン

・ビルドアップのパターン

・CBは足元の技術高いか？中盤に繋ぐパスの技術あるか？

・攻撃は右中心？左中心？中央中心？

・最も気をつけるパターンは？

・最も気をつける選手は？

・アタッキングサードでの崩し方は？

・その他（パススピードは速いか？ボールタッチ数は多いか？判断が速いか？等）

レポート③

フインの位置（自陣での守備）などをあらかじめ記載しておく。それをベースに、当該試合を見ると変化がわかるからだ。ちなみに敵陣での攻撃に関しては種類が多様のため、記号での記載はせず以降のページで細かく記すようにしていた。

レポート③は、攻撃に関する詳細だ。トップとはFWのことを指す。FWのタイプと動きをどうチェックするかというと、単にスピード、高さ、強さ、上手さなどの「見た目」だけではなく、どういう時に相手にとって危険な動きをしていたかをメモする。ここで重要なのは、自チームにとってどのような脅威になるかまで想定しておくことだ。例えば相手のFWが下がってボールを受けにいく特徴があるとすれば、それは自分たちのDFにとって怖いのか、怖くないのか。CBが徹底的に潰しにいくチームであれば、どこまで下がって受けるのかという情報が必要になってくる。どこまでついていくかを整理する上で重要だ。しかし、ポジションやスペースを優先してCBが守るのであれば、下がって受けようとするFWについていくことはない。そうなると、ボランチにマークを受け渡す必要が出てくるため、この情報はMFの選手とも共有すべきとなる。同じ選手でも自チームのスタイルによって書き方は変わってくるというわけだ。

サイドハーフにおいても基本的には同じ。どういう時に力を発揮していたのかを見る。ポジションの特徴として、サイドハーフは運動量が求められるため、特に疲れてくる時間帯においての動きに注目する。ポゼッションかカウンターかをメモする上でも、どういう時にボールを保持し、どういう時にカウンターを仕掛けるかを見極めるのが大事だ。ここに「ポゼッションです」とメモしても意味がない。

誰から誰へのパスが効果的かも記しておく。各チームには必ず中心選手がいて、その選手が攻撃の核となる。その選手が誰とパス交換している時が最もスムーズなのか。それはチームのメンタル的な落ち着きや戦術的に有効な手段となるため、いくつか候補を挙げる。見た目だけでなく、実数値としても認知できればベストだ。

「敵陣での攻撃」における見るべき点は数多くある。サイドアタックのパターンを見抜いたり、実際にクロスを上げる時にペナルティエリアにどのポジションの選手が計何人入ろうとしているのか把握したり、どちらのサイドにより多くの人数をかけるのかバランスを見たりする。パススピードや1人が持つボール保持時間はどれくらいか、それは判断が遅いからなのか、サポートが少ないからなのか。原因を探ることも欠かさない。それらを総合して、最も気をつけるパターンや選手を洗い出し　レポートにまとめる。これが攻撃フェーズに関するスカウティングレポートだ。

レポート④では守備に関する詳細を記している。「自陣での守備」と「敵陣での守備」でのボールを失った後のリアクションにまずは注目する。どちらの局面にしても、ボールに対するプレスの意識が高いかどうかは必ずチェックする。その意識が高いのはプレスをかけた選手1人だけなのか、グループ全体なのかまで視野を広く持つことが重要だ。

Defense:組織/狙い所/プレス/Weak points (GK-DFの関係・1対1・高さクロスの対応)

・ボールを奪われた瞬間の守備は？ボールプレーヤー？ポジションに戻る？

・各局面における攻撃→守備の切り替えは早いか？

・ボールに対するプレスの意識は高いか？（個人として、グループとして）

・球際は厳しいか？

・セカンドボールを拾う意識は高いか？

・セカンドボール拾った後のアクションは？（つなぐ/クリア/裏へのフィード/サイドへ展開）

・陣形はコンパクトか？（開始15分/〜30分/ラスト15分/後半15分/〜30分/ラスト15分）

・トップの選手のディフェンスは？（追い方/アプローチの速さ/運動量）

・サイドの守備は？人数かける？ルーズ？

・サイドで守備をしている時逆サイドのSB・SHの位置は？逆サイドを意識しているか？バイタルエリアのケアは出来ているか？

・サイドで守備をしている時ボランチのポジションは？ボールに寄せているか？バイタルにオーバーラップする2列目の選手のケアは出来ているか？

・CBのタイプは？（ハイボール強い・1対1強い・裏へのボール強い/カバーリング能力高い/これらの逆）

・ボックスのボール跳ね返した後の上がりのスピード

・サイドバックがオーバーラップした後の戻りは早いか？

・サイドバックがオーバーラップしている時カバーは出来ているか？（CB？ボランチ？）

・CBはトップの動きにつられるか？しっかり受け渡しが出来るか？

・GKのポジションは？DFのカバーがしっかり出来るか？クロスに対してボールに行けるか？

・守備のウィークポイントは？

レポート④

特に強いチームほど球際が激しいのは、世界のどのリーグでも共通だ。「自陣での守備」で見られるロングボールのこぼれ球、いわゆるセカンドボールを争う時のような「どちらのボールになるかわからない五分五分の状況」において、自分たちのボールにできるかどうかは積み重なって試合に大きく影響するため、その度合いを測る。また、そのボールを拾った後の展開まで見守ることが重要だ。しっかり繋ぐのか、相手の陣形が整っていないことから裏へのフィードを狙うのか。チームとしての意図が見えるので、自チームの最終ラインの選手へとアドバイスを送ることができる。

こうした「自陣での守備」においては、ポイントがいくつもある。どれだけ強いチームでも、たとえ世界一のチームでも失点はする。その多くは、WBやSBが絡むことが多い。サッカーの特性上、ゴールは中央にあり、そこにボールを入れなければならないため、守る側は当然ながら中央を固める。そこで守備をする時、まずは相手が狙ってくるシュートを防ぐことを考えるが、サイドの守備だといきなりシュートを撃たれることは滅多にない。それが逆にサイドプレーヤーの守り方を難しくしている。ドリブル、パス、クロスが考えられる中で何を優先して守るべきか。その判断を誤った結果、一見するとゴールから遠いサイドから崩されて失点してしまうことが多い。だからこそ、サイドでの守備はしっかりと見るようにしている。人数をかけるのか、ボランチはサポートに行くのか、行かないのか。それを踏まえた上で、逆サイドの選手や中央で最も守備力のあるCBの動きを見る。自分たちの強みを持って守備をするはずで、その強みとは何なのか。ハイボールに強いからクロスを上げさせるのか、スピードがあってカバーリングの能力があるならばラインを高く保って裏に蹴らせたボールを奪うかもしれない。

一方で、弱点を見抜くことも大切だ。相手のどういうアクションを嫌がっているのか。往々にして、そういうプレーをされた後は、味方同士で話し合っているものだ。そうしたわずかな仕草なども見逃さないようにしている。失点したからウィークポイントとも言えるが、それはあくまで結果に過ぎない。その過程で見えるディティールからもウィークポイントを導き出すのがアナリストの仕事だ。

守備に関しては個人にフォーカスするよりユニットとして捉えることが多い。だからこそ見るのが難しいし、ポイントを見つけ出すのも苦労する。ただ、項目に沿いながら見られるようになると、自分が今まで追えていなかったところに視点を持っていけたりするので、ぜひ実践していただきたい。

レポート⑤では、選手交代によるシステムの変化や、配置の転換などを記している。ただ誰が誰と代わったかだけでなく、なぜ代えたのかまで書くようにしている。また、その結果としてどんな変化が生まれたのかも捉える。自分たちの流れに変えられたのか、それとも相手が交代したことによるリアクションだったため変えられなかったのかなどだ。試

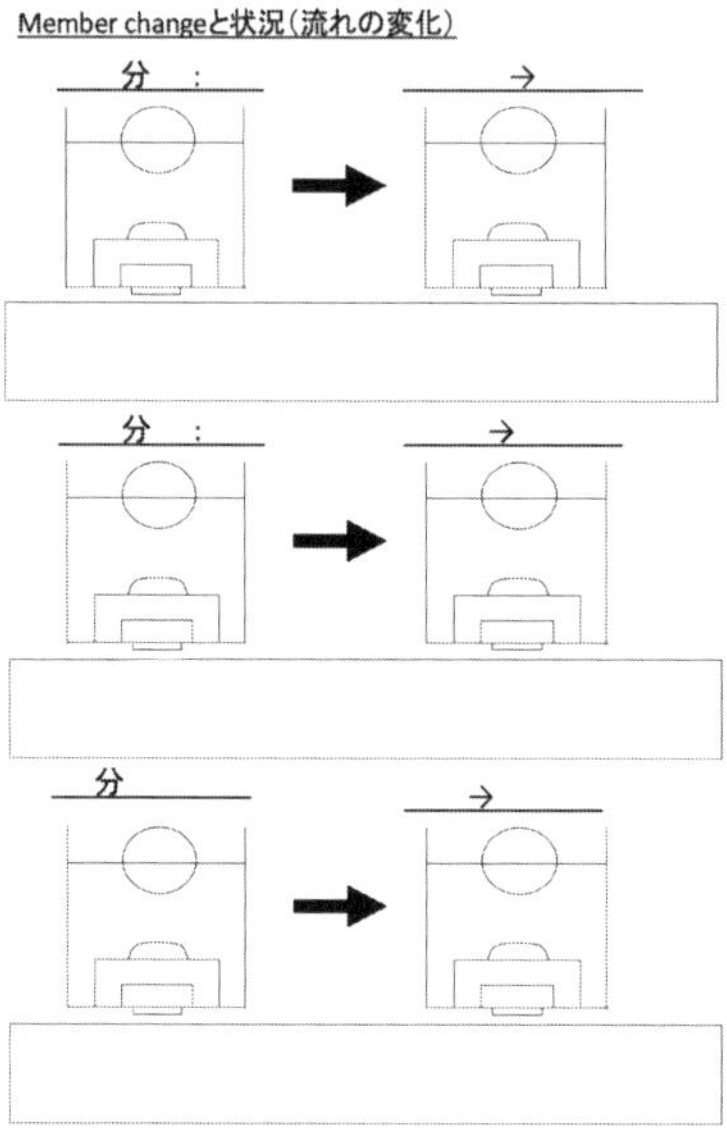

レポート⑤

合中に頻繁にシステムを変えるような監督の場合は、その特徴に加え、もちろん理由も考察して記載する。特に後半は両チームが交代するようになるので、攻撃と守備をまとめながら流れを見るとなれば時間がない。状況整理をいち早く行えた方が良いだろう。

最後の**レポート⑥**では、セットプレーを分析する。試合によっては発生しない項目もあるが、概ねすべて最低1回は起こるだろう。これをどう記載するかというと、ピッチ図に選手の配置、コメント欄にそれぞれの注意する点や気がついた点をメモする。ただＪ

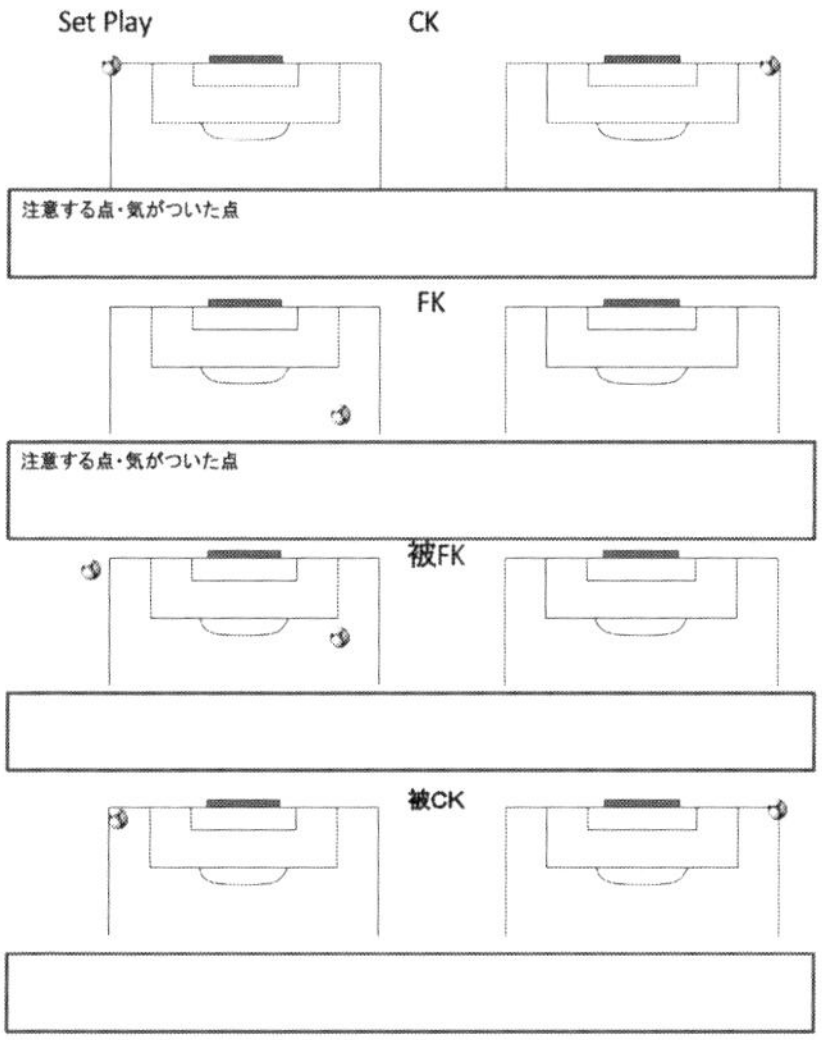

レポート⑥

リーグの場合、笛が鳴ってからボールがセットして蹴られるまで30秒前後の時間しかないため、その短時間で全選手の配置と注意点を見つけ出すには慣れが必要だ。とはいえ、今後はデバイスで映像が見られるようになり、別の角度からの映像もチェックしやすくなるため、ここに全神経を使う必要はなくなるかもしれない。

以上がスカウティングレポートの紹介である。これらはあくまで一例で、アナリストによって視点は人それぞれだろう。ただ、大きなズレはないはずだ。ここまで細かく見ながら試合を見られるようになると、よりサッカーの奥深さを知ることができる。いきなりすべてを埋める必要はないが、ぜひこのレポートを参考に試合をスカウティングしてみてほしい。

さらにアナリストはスカウティングレポートのメモをベースに対戦相手の分析を行い、特徴的なシーンを映像にまとめ、選手へと展開して対策を練る。重要なのは膨大な量の情報から何をチョイスし、どう加工して見せるか。単に映像を見せるだけでは伝わらないこともあるので、データを活用することもある。次章では、そうしたデータ分析の仕方についてご紹介する。

Method 4 Data Analysis

アナリストが活用するデータ

データの種類と活用

「データ分析」まで行っている日本のアナリストはそう多くないだろう。数字が苦手なアナリストもいれば、サッカーにデータは必要ないと主張するアナリストがいるのも事実だからだ。一方、FIFAやUEFAといった国際組織が公式サイト上で各種データを紹介するようになり、現代においてサッカーに関するデータは日本に限らず世界各地で見られるようになってきた。それを現場で役立てられるかどうかもアナリストの腕の見せどころだ。

そもそもサッカーには、どんな種類のデータがあるのだろうか。さらにはどんな意味や解釈、活用方法があるのだろうか。現場での事例も交えながらいくつかご紹介していく。まず、データを取得の難易度に合わせてレベルを分けていこう。

レベル1からレベル8にかけて、徐々に取得するのが難しくなるという具合だ。ベーシックなレベル1に該当するのは、得点や失点、警告や退場、選手交代など。どのカテゴリーのサッカーにおいても取得可能で、1試合において数回しか起こらないのが特徴だ。

データの種類と取得難易度

Level 1	Level 2	Level 3	Level 4
Basic Data	Game Data	Team Data	Player Data
・チームシート	・シュート	・パス（数、成功率）	・パス（数、距離等）
・得点、失点	・枠内シュート	・クロス	・クロス（数、位置）
・警告、退場	・ファウル	・スルーパス	・ボール奪取、ロスト
・交代	・FK	・Box（ゾーン）進入	・プレー（数、位置）
	・CK	・ボール奪取、ロスト	・GKスタッツ
	・オフサイド	・プレー	・セカンドボール
		・ドリブル	・タックル（数、位置）

Level 5	Level 6	Level 7	Level 8
Time Data	Duel Data	Tracking Data	Index Data
・アクチュアルタイム	・1対1（地上戦）	・走行距離	・Index ランキング
・ポゼッション	・空中戦	・スプリント	・Average Position
・攻撃&守備時間	・タックル	・ハイインテンシティ	・スマートパス
・個人の保持時間	・ドリブル対応	・スピード（Max）	・xG、xA
・カウンター	・球際	・スピード（ボール）	・PPDA
・シュートまでの時間	・コンタクト	・加速、減速	
・奪い返すまでの時間		・味方、相手との距離	

レベル2のゲームデータとは、いわゆる公式記録に記載されるようなもの。シュートや枠内シュート、ファウルやオフサイド、フリーキック等のセットプレーの数などだ。特にシュートに関しては以前に比べて細かなデータが取られ、枠内や枠外だけでなく、ブロックされたシュートや、どこで打たれたシュートなのかも掲載する媒体が出てきた。

対戦相手を分析していく中でシュートは重要な要素ではあるものの、チームの戦術を読み解く方法としてシュート自体を細かく分析することはない。どちらかというと、選手個人の分析として使用する。この選手はどちらの足でシュートを撃つことが多いのか、枠のどこを狙う傾向にあるのか、力強さはどれくらいなのかなど。逆にそうして対戦相手のFWを分析すれば、自チームのGKやCBに役立つ情報となる。

レベル3は、パスやクロス、スルーパスなどの「チームデータ」だ。そのチームが1試合もしくは複数試合で記録したパス数や成功率、クロスの数などが当てはまる。攻撃だけでなく守備のデータ、例えばボール奪取数なども含まれる。レベル3に関しては主に「オン・ザ・プレー」のデータであり、ボールを持っていない「オフ・ザ・プレー」のことは指さない。

ここまで紹介したデータだけでも、綿密な分析が可能となる。メソッド3で記した時間帯と局面を見ていく中で、映像とレベル3のデータだけでも十分な根拠となるくらいだ。自陣での攻撃に数多くのパスを使うのか、それとも手数をかけずにロングボールを使うのか。その成功率はどうか。自陣でのボールロスト（＝ボールを失う）回数が多ければ、明らかに問題を抱えている。

自陣での守備においても、相手のクロスが多ければサイドでの守備を修正する必要があるとわかるし、どのゾーンに進入されることが多いかがわかればトレーニングでそのエリアでの守備を強化することもできる。

レベル4は、それを選手個人にフォーカスしたデータだ。各選手におけるパスの数や成功率をはじめとする、ボールを触った全プレーの分類という位置づけである。どの時間帯や局面、あるいはどのエリアにおいて、どういう数値を出すのか。それらから選手を詳細に分析できるし、傾向を読み解くこともできる。

例えば敵陣での攻撃で、右サイドのA選手はクロスを頻繁に上げるが、その成功率は10%という低い数字だったとする。一方で、ドリブルの回数は少ないものの、そのほとんどで縦に仕掛けており、80%と高い成功率でチャンスを作り出しているとわかれば、そのA選手に対しては縦を切って少し距離を空け、あえてクロスを上げさせる守備をした方が得策であると気づく。だが、クロスの成功率が低い理由は、FWにヘディングの強い選手がいなかっただけかもしれない。多角的に判断しなければならないのは当然だが、それらを総合して自チームのSBの選手に情報を提供すれば選手も対策しやすくなる。実際、選手は対峙する相手の特徴を知りたがるため、私が選手にどう守れば抑えられるかを伝える時、映像だけでなくこうしたデータを使うこともしていた。

その次のレベル5になると、データに時間軸が加わる。その一例が「アクチュアルタイム」だ。ボールがピッチ内でプレーされていることで、ボールが外に出てから再開されるまでの時間や、ファウル等で中断している時間を除いたデータのことを指す。サッカーは90分とアディショナルタイムで行われるが、実際にボールがプレーされているアクチュアルタイムは60分前後しかなく、世界中のリーグで変わらない。

一方でサッカーファンにも馴染みのあるポゼッションというデータもここに分類される。どちらの方がボールを持つ時間が長かったかを表すデータであるが、アクチュアルタイムと掛け合わせることで見えてくるものがある。

例えばアクチュアルタイムが60分でAチームのポゼッション率が60%だったとする。すなわちBチームのポゼッションは40%だ。そうすると、Aチームのポゼッション時間は36分でBチームのそれは24分であることがわかる。別の試合で比較してみよう。アクチュアルタイムが50分で、Aチームのポゼッションが60%、Bチームが40%とすると、Aチームは同じポゼッション60％でも、時間にすると30分なので先の試合に比べて6分少なかったことがわかる。数字の大小は同じ（ポゼッション率は同じ）でも、実数字は異なるのである。実態をしっかり見極めないと誤解を生む典型だ。

あとは、シュートまでの時間や奪い返すまでの時間など、実計算で出てくるデータもある。算出が必要なため取得の難易度が高いデータだが、手にすればサッカーを目で見ただけではわからない部分も見えてくるだろう。アクチュアルタイムとポゼッションの関係性のような新しい発見ができるのは、時間データの面白いところかもしれない。

次のレベル6はデュエルデータである。これまではチームもしくは選手のデータであり、対象は「自分」だった。それに「相手」が加わったのが、1対1における地上戦や空中戦などのデュエルのデータだ。そのチームや選手の「強さ」がわかるのが特徴で、この勝率が低いと「負けた感」が出やすい。1対1でボールが奪えなかったり球際で逃げてしまうと、一人ひとりが負けてしまっているネガティブな雰囲気がチームに蔓延する。特に自陣での守備の局面でそれが如実に出ると失点にも繋がりかねないため、最低でも50％は超えたいところだ。この数値については選手の実感とズレが少なく、試合直後に「今日は全然球際で勝てなかったです」と話す選手は実際にデュエルの勝率が低い場合が多々あるため、選手の心理状態を測る指標にもなる。

レベル7は、ここ数年で登場した「オフ・ザ・プレー」の動きを表すデータである。ボールを持っているか否かに関わらず、どれくらいの距離をどれだけのスピードで動いたのかを示す。Jリーグの公式サイトでも公開されている走行距離とスプリントもその一部だ。それ以外にも、その選手のMaxスピードがわかるようになったり、人ではなくボールのスピードも測れるようになったり、今までとはまるで異なるデータが誕生した。

まだ日が浅いため、使用法はまだ確立されていないが、走行距離は多ければ多いほど良いという論調がある。ところが、例えば2020シーズンのJ1リーグを圧倒的な強さで制した川崎フロンターレのチーム走行距離（1試合平均）は、Jリーグ公式サイトによれば110・694㎞と同リーグで最も少ない数値。彼ら以外のチームの走行距離を見ても順位との相関関係はなく、あくまでもチームのスタイルが反映されているだけだ。

しかし走りに重きを置いているチームの場合、例えば相手チームの平均走行距離が100㎞だったとして、自チームは110㎞だったとする。これは1人多いくらいの差であり、試合の終盤にかけてその走力の差が出る可能性を示唆している。それを利用して、「自分たちのサッカーに持ち込めれば、必ず相手は疲れが出てくる」と選手に助言することはできる。チームのスタイルによっては、そうした使用方法を検討してみてもいいだろう。

最後のレベル8は、さらに最近出てきたものである。これは何かというと、「指標」だ。パスやクロスや球際のような各事象を単体で示すのではなく、それを複合的に計算したもの、あるいは過去のデータとの比較などから評価を下せるようなロジックを組んだものなどだ。各項目についての説明は長くなってしまうことと、この本の趣旨から外れるため割愛させていただく。ただ1つ言えるのは、これから先もどんどん新しいデータが出てくると推測され、アナリストはそれらの特徴を踏まえて慎重に扱わなければならないということだ。

誰に向けたデータ分析なのか

少し駆け足でデータの種類と活用事例を記したが、プロのアナリストだとしてもこれらをすべて活用しているわけではない。うまく活用するものとしないものに分けている、もしくはあえて提示しないこともある。

どういうことかというと、アクチュアルタイムとポゼッションの事例で掲載したように、データは解釈のズレが起こりやすい。これを理解している人に向けるのであれば、積極的に提示しても齟齬は生まれないだろう。しかし、例えば選手はどうかというと、データに慣れていない選手の方が多く、こちらの意図を咀嚼できずに間違った捉え方をしてしまうリスクがある。そうなれば、よりわかりやすく誰もが同じ解釈を持てるものを使用するか、あるいは意図的に自分が伝えたい解釈に誘導するか、そもそもわかりにくいから採用しないかの三択となる。

映像だけで解決するケースもあれば、データを加えることでよりわかりやすくなるケースもある。私が実際に選手の前でプレゼンをする機会のあったクラブ、特にヴィッセル神戸では、「意図的に自分が伝えたい解釈へ導くため」に積極的に活用していた。**スライドの一例**のように「あるデータ」を掲載して、ミーティングが始まるまでの約10分間、表示したままにする。そうすると今あなたが思考を巡らせたように、続々と椅

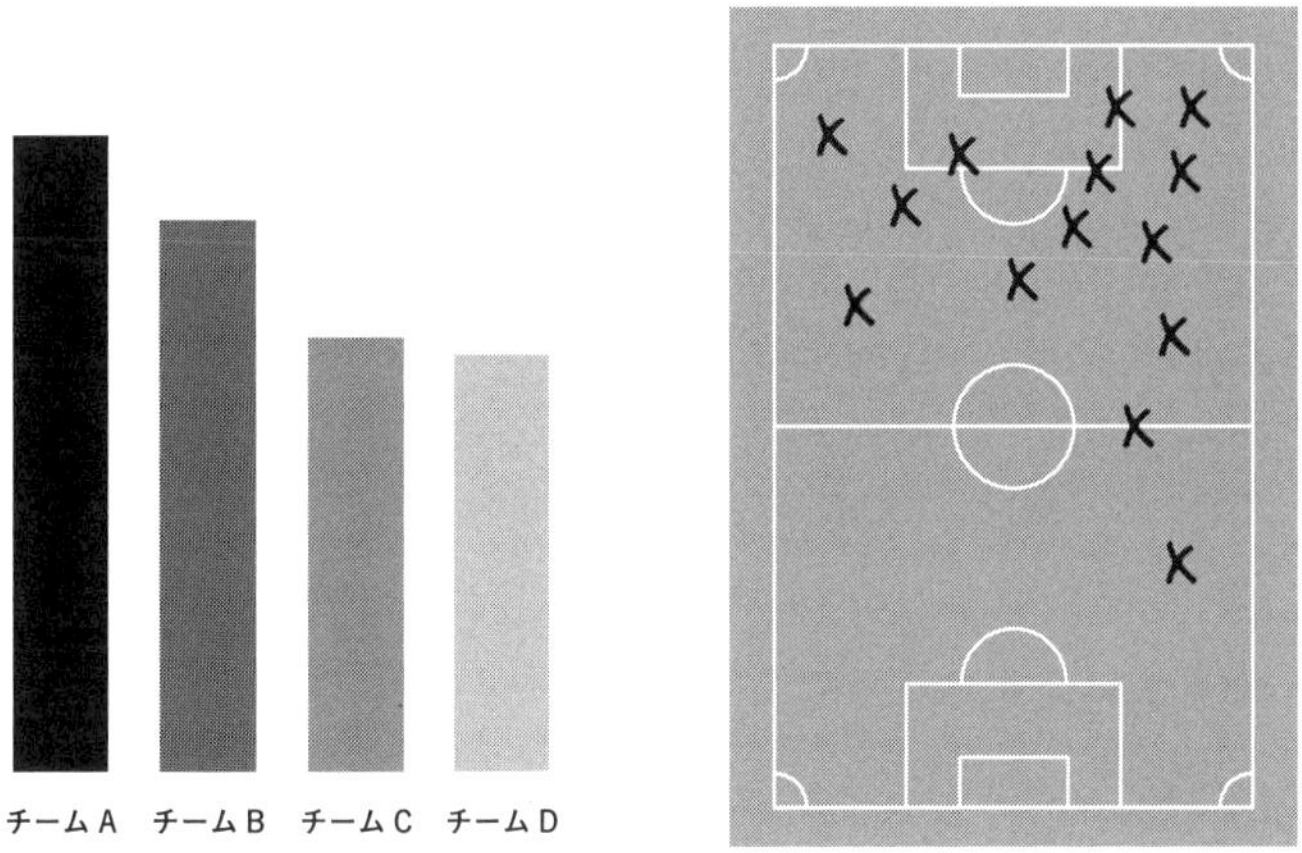

スライドの一例

子に座り始めた選手たちも、スクリーンに映り出されているデータだけを見て解釈を始める。ところがこのデータから何が言えるのか正解を導き出せる選手もいれば、そうでない選手もいる。いざミーティングがスタートした時、次の対戦相手の特徴を述べ、それを証明するのがこのデータだと説明すると、答え合わせになるので選手の頭に入りやすい。一種のクイズのようなものである。そこから、相手の予想スタメンや攻守の具体的な特徴等を映像で確認するといった具合に進めていた。

　基本的に対戦相手を分析しプレゼンす

る際には、相手の弱みは何かを重点的に伝えるのが主な目的だ。自分の目で見て感じた主観だけでは相手に理解してもらえないこともあり得る。そういう時に有効なのが客観的なデータによる立証だ。信用性を増すために使用しているとも言えるだろう。誰のためにデータ分析を行うかを理解し、適切なレベルのデータを使う。これが最も重要な思考だ。

数字から背景を読み解く力

一方で気をつけるべき点がある。データ分析に慣れてくると、どうしても数字ありきで物事を進めてしまう点だ。複雑なデータを読み解いたからといって「このチームはこうだ」と言い切るのは乱暴であり、いかなる傾向を発見したとしてもそれは単なる数字でしかないということ。サッカーの見方が十分にできる状態で、かつ数字を使う。これが理想だ。

また、数字の大小で判断するのも避けなければならない。先のアクチュアルタイムの事例で見たように、率が同じでも実数値が異なるケースもあるし、ポゼッション率が相手より多い＝強いわけでもない。クロスの数がドリブルの数より多いからといって、注意すべきはクロスであるとは言い切れない。重要なのは、それらの数字からどんな背景を読み解くのかである。

その能力を鍛えるには、やはりまずはサッカーの見方を充実させなければならない。起こっている事象を受け止め、時間帯や局面ごとにどう変化するのか。背景とは、すなわちサッカーそのものであるため、ピッチ上で起こっている現象が大半を占める。それが見えない状態でありながら数字で表せば、誤認が生まれるのは自明だ。

私は過去どのクラブでもデータを活用してきた。その時々に応じて活用法は変えていたが、その方法が正解だったかはわからない。ただ、1つ言えるとすれば、常にそれは誰かに新しい発見を提供できたと思っていること。実際にヴィッセル神戸での2年目には、ネルシーニョ監督から「今まで私もデータに目を通していたが、重要視はしていなかった。でも、君がミーティングで行っていたように数字から背景や要因を読み解く手法はとても新鮮だった」という言葉をもらうことができた。彼以外の監督や選手からも同様に言われたことがある。ただ、それは単にデータを活用したからではない。データから見える背景や、次の試合で起こり得る事象や展開を予測し、それが的中した時に受け手側が驚きを感じたからだろう。

データの取得と定義

ではそういったデータは、どこから手に入れるのか。手段は3つ。1つはデータ会社と提携や契約をしてデータを買う方法で、最も多様なデータを手に入れられる。日本にも海外にもサッカーをデータ化する会社が存在する。特にJクラブの現場で使用されているのは、InStat、Wyscout、データスタジアム、Optaのサービスだ。各サービスで取得している項目は異なるが、特に海外はその歴史も深く、データも細かい印象がある。海外のクラブの方がアナリストの数が多い影響もあるのだろう。頻繁にアナリストとデータ会社でアップデートを重ね、クラブ側が求めるデータを算出する一方で、データ会社側からも新しい指標の開発がされるなど進歩が早い。日本はまだそのスキームが確立されておらず、新しい指標もほとんど出てこないのが現状だ。

2つ目の方法は、国内ならJリーグ公式サイトや国外ならFIFAやUEFAなどの

WEBサイトから引用するケース。無料で公開してくれているためコストはかからないが、その量は非常に少なく必要とするデータが確実に手に入るとは限らないというデメリットがある。

3つ目の方法は、自分で試合を見ながら取得する方法。もちろんメモやストップウォッチを使ったアナログでも可能だが、専用のソフトがある。購入費用こそかかるものの、データを取得することに関して費用はかからない。さらに自分が取得したい項目を自由に決められるので、必要なデータを必ず手に入れられるのは大きなメリットだ。一方デメリットは人の手が必要となること。大量の試合から一気にデータを取得することはできない。

どの方法でも、考慮すべき重要な要素がある。各データの定義はどうなっているかを知ることだ。特にデータ会社やデータサイトによる定義はそれぞれ異なるため、その項目が何を指しているのかを把握しなければならない。例えばOptaはタッチを「選手がボールに触れたすべてのイベントの合計数であり、空中戦によるロストやチャレンジによるロストなどを除いた数字」と定義しているが、Wyscoutは「選手がボールに触れているだけで、パスなどのイベントではない場合。シュートがチームメイトに当たった場合、それはタッチとみなされる」と説明している。つまり同じタッチ数5回でも、意味する状況はまったく異なる。こうした定義の違いがあるため、私もドリブルやデュエルの数字は自分で取得していた。

また意外に知られていないのはスプリントやハイインテンシティ（高強度の走り）の定義だ。これも会社やサイトによって異なるのだが、ほとんどのケースとしてスプリントは時速24㎞以上、ハイインテンシティは時速21㎞以上とされている。時速24㎞は100mを15秒（時速21㎞は17秒）で走るスピードで、世界記録の9秒台と比較するのはナンセンスだが、日本の高校生の平均タイムと同じくらいであると言えば想像がつくだろう。トッププレーヤーのMaxスピードは時速30㎞を優に超えている事実を考慮すると、単にスプリントが多いからといって速さの比較はできない。

一方、自分でデータを取得する場合は自ら定義を設定できる。例えば、実際に私が取得していたデータの1つが「ゾーン」だ。そのまま日本語に置き換えれば空間やスペースで、戦術用語ではピッチをシンプルに等分したエリアを指すこともあるが、私の定義は異なる。

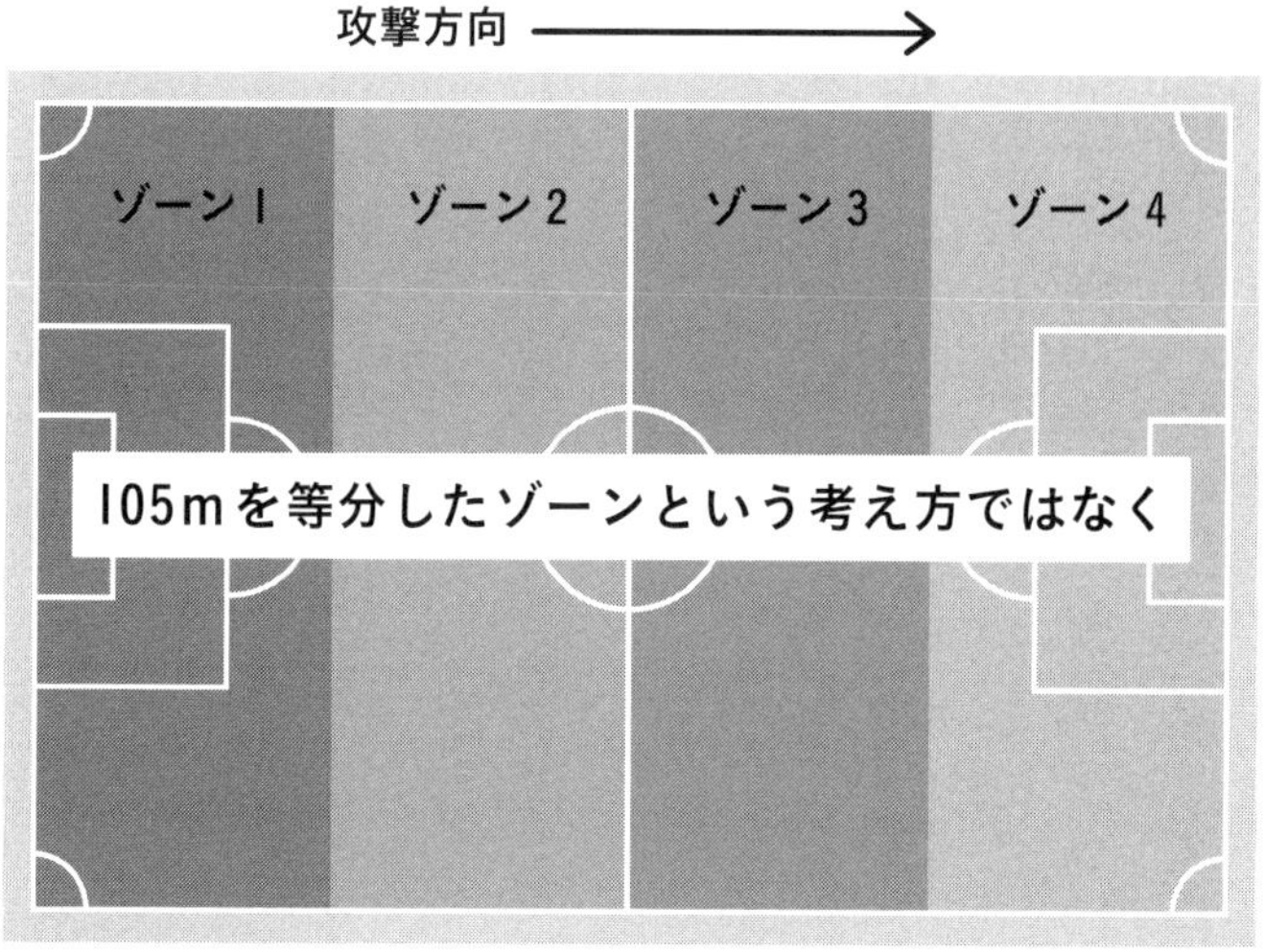

相手のシステムに合わせてピッチを切り分けたのが私のゾーンだ。ＦＷ、ＭＦ、ＤＦが形成する列の前後をゾーンとしている。

当然、試合中は動く選手に合わせてゾーンが変形していくため、把握は簡単ではない。その中で、１回の攻撃はどこで終わったのかを取得する。相手の１列目にボールを奪われれば「ゾーン１」をカウントし、相手の最終ラインを突破できれば「ゾーン４」をカウントする。ゾーンは集計がかなり難しく、現時点ではどのデータ会社も取得していない。ただし、今後、ＡＩやトラッキング技術の向上によって自動で取得できる可能性はある。

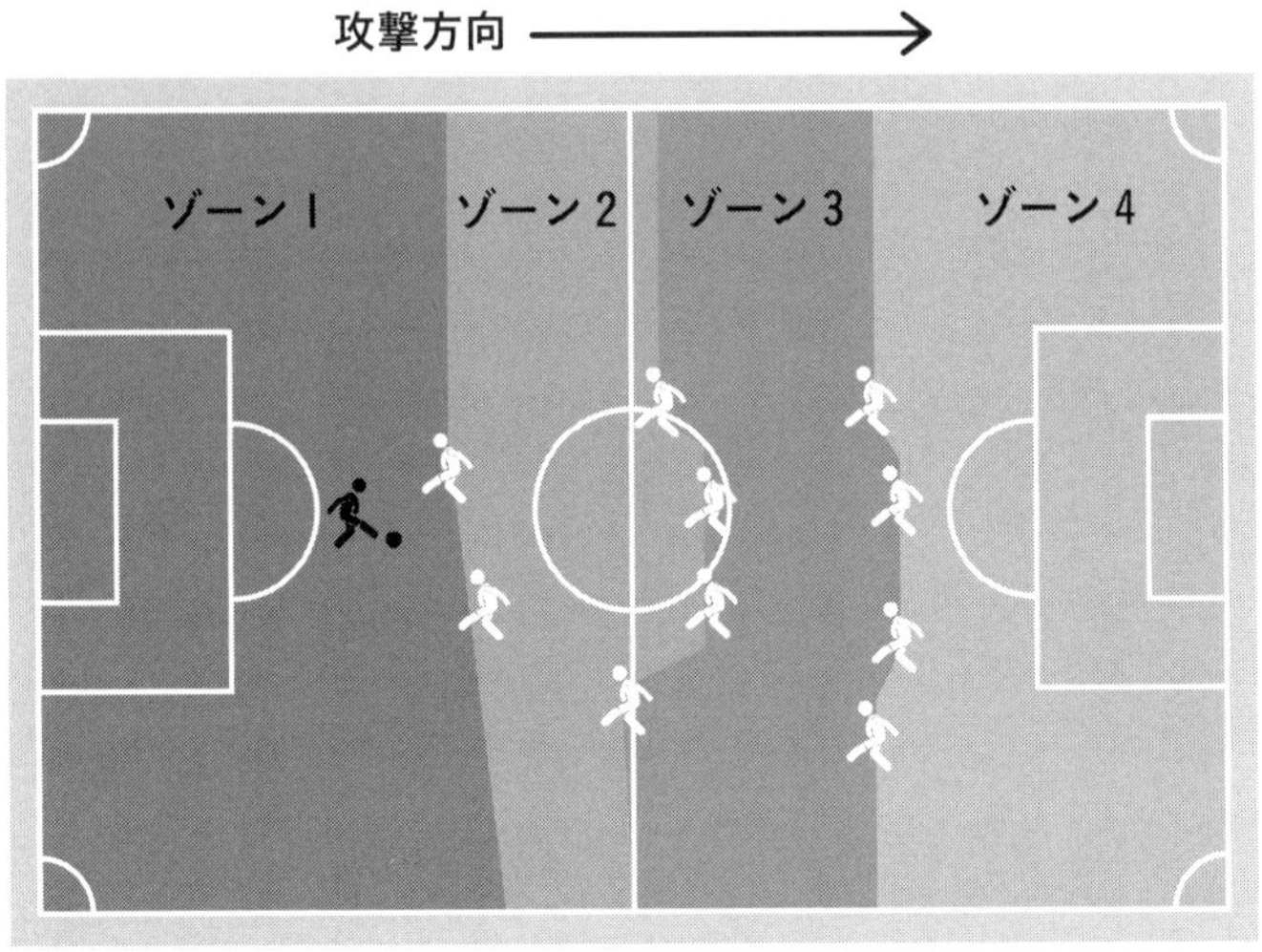

ゾーンでデータを取得する意図は何か。ゾーン1やゾーン2で終わってしまった自チームの攻撃を分析すると、ビルドアップの改善に繋がる。主に「自陣での攻撃」の分析に役立つはずだ。直近5試合前後のデータとあわせて、ゾーン1&2の映像を洗い出せば、傾向と対策を打ち出せる。そのデータがキックオフから15分までの時間帯で多ければ立ち上がりの「自陣での攻撃」に目を向け、後半の15〜30分の時間帯が多ければ疲労度やそれによる選手間の距離なども確認するようになる。

ゾーン3で終わった攻撃が多かった場合

は、そこから相手の最終ラインを突破できなかった理由を分析できる。そこまで侵入できたということは、ビルドアップではなく「敵陣での攻撃」において問題があったということだ。

どのチームも1試合における攻撃回数は１００回前後で収まることが多い。それをゾーンで分類すると、ゾーン１が３～５％、ゾーン２が30～40％、ゾーン３が25～35％、ゾーン４が15～25％となる。

対戦相手の分析として使用し、守備の弱点を洗い出す場合もある。例えば、ゾーン２が多い一方で、ゾーン３が少なく、ゾーン４が多ければ、ＭＦの前に対する守備は強いが、一度ＤＦとＭＦの間を使われたりするとＤＦの背後まで侵入されているケースが多いとわかる。

このデータもあくまで数ある種類のうちの１つで、参考にするくらいだが、ここから見えるウィークポイントもあるため、自分で取得するようになった。

データから測れない能力と測れる能力

種類や活用法を豊富に紹介してきたが、データはあくまで数字でありサッカーのすべてを表せないことを忘れてはならない。特に守備をデータで評価するのは難しい。守備はタックルやクリアなどで相手やボールへの接触があって初めてデータが取られる。ところが、実際に守備はパスコースやシュートコースを妨害する「動き」で相手のプレーに制限をかけていることもある。こうした守備の「オフ・ザ・プレー」のデータ化は10年前から進んでいないのが現状だ。

そうした状況を打開するために、海外のデータ会社はいくつかの新しい指標を打ち出しているが、それらは守備者の能力ではなく、チームとしてのプレスの効率性を示すなどにとどまっている。データは新しい発見や見方を教えてくれる一方で、それだけでは測れない能力もあることは理解しておかなければならない。しかし、細分化することで能力を可視化できるケースもある。

例えば、ボール奪取数というデータがある。特にボランチの選手やCBの選手が数多く記録するデータだ。とはいえ、この数値が高いからといって、ボールを奪う能力が高いとは限らない。相手のミスを拾っただけかもしれないし、味方がパスコースを限定してくれたことでパスを読んでインターセプトしていたのかもしれない。

では、ここに「HOW」（どうやって）を加えて細分化するとどうなるだろうか？「体を入れるなどのフィジカルコンタクト（特に上半身）で奪った数」、「足で奪った数」、「相手のミスを誘って奪った数」、「パスコースを読んで奪った数」、「スライディングで奪った数」……。奪い方でボール奪取数の割合を分類してみると、その選手がボールを奪う上で何を得意としているのか、どんな優れた能力を持っているのかを発見できるだろう。

逆に優れた選手をどうデータで表現するのかも悩ましい。単なるシュート、クロス、パスの数や成功率などでは推し量れないからだ。

例えば、バルセロナやスペイン代表で中心選手として活躍した実力を、日本でも遺憾なく発揮しているアンドレス・イニエスタ選手の凄さをデータで表現できるだろうか。相手の重心を見てドリブルを仕掛けたり、相手の足がギリギリ届かないスルーパスを通す彼だが、そうした細かい技術を示すデータはない。数字から測れるようで測れないのがサッカーの醍醐味でもあるが、それを扱う側の視点ではまだまだ改善の余地がある。

スカウト＝リクルーティングでの活用

データの種類や扱い方における注意点、自チームや対戦相手の分析を行う上での活用法を一部紹介したが、データ分析は別の部門でも生かせる。特に力を発揮するのは、選手を獲得する際のリクルーティングだ。

各クラブにはスカウト部門がある。常に新しい選手を探し、次の補強に向けたステップを考えている。アナリストが直接関わることは少ないかもしれないが、データを重視するクラブではサポートを求められることがある。

獲得を目指している選手を直接視察し、自チームの戦術への適性を見極めながら交渉するのがスカウトの役割だが、人の目だけで判断していると失敗に終わることがある。そうした主観的評価だけでなく、客観的評価をするために使われるのがデータだ。例えばＣＦ

なら、ボールキープの時間を見たり、サイドプレーヤーであればドリブルやクロスの質と量を見比べたり、CBであれば球際の強さやフィード力の正確さを把握する。ここでは書き切れないほどのデータを並べて検証するわけだが、データの定義を知っているアナリストが介入することでよりスムーズに事が運ぶ。ポジションごとに参照するデータの項目も変わってくるが、そもそも何のデータを参考にすればいいかもわからない状態で検証するのは難しいからだ。自チームにおける各ポジションで求められるスキルと要素を洗い出し、それに沿ったデータの数値を満たしている選手であれば、少なくとも大外れすることはない。選手の人格や私生活態度などを加味する必要があるものの、プレーに関してはデータをもとに評価できる。

少し極端な事例ではあるが、1つの方法としてご参考いただきたい。もちろん、データが先行してはいけないし、データでは見えない部分も十分に考慮しなければならないのだが、スカウトの目だけを信じてリクルーティングするよりずっと効果的であるのは間違いない。データとはこういった活用の仕方もあるのである。

選手の成長を見越して

最後に、選手と直接やり取りする中でデータを活用した実例をご紹介しよう。

シーズンが進んでいけば各選手のデータが蓄積されていく。出場する機会が少ない選手はその数が少ないが、それでも提案は可能だ。特にチームの勝てない時期が続いたりすると、選手も停滞感から現状を打破しようと動き出す。実際に、ある中盤の選手からこう相談された。

「最近チームも勝てていませんし、自分もなかなかリズムに乗れません。どうすればいいですかね？」

プロの選手でも、不安を口にすることもある。そういう時に、「続けて頑張るしかない」と漠然とした答えを返しても解決にはならない。良かった時は何が良かったのか、今はそれに対して何が足りないのかを具体的に示すことが重要だ。その選手に使ったデータは非常にシンプルで、その選手がボールに関わった回数を示した。良かった時のデータは、前半だけで50回もボールに関わり90分で計80回触っていた。ところが、直近の試合では前半で30回、90分で計50回しか計測されていない。もちろんその数字には対戦相手の違いやコンディションの差などの外的要因も考えられるが、あえてこの数字だけを与えてみた。もちろん、それはデータを見るまでもなくわかっていたことだが。

その選手はデータを知って「あっ、シンプルにもっとボールに関わった方がいいですかね？」と言ってきた。ただ、それだけでは解決に至らないので「ＨＯＷ」をつけ加えた。極端な話、チームメイトに近づいて意味のないパス交換をしてボールタッチ回数を増やしても意味がないので、敵陣での回数を全体の6割にするという目標を設定した。例えば、計80回のうち48回を敵陣で記録する。それはチームとしても敵陣でのプレーが増えることを意味するし、そのためには今以上に動き回らなくてはならない。すると、次の試合では走行距離が約1㎞増え、プレー回数50回のうち敵陣で記録したのが35回と6割を超え、リズムを取り戻していた。

この成功体験で彼にとっての基準値が定まり、以降は毎試合のようにデータを確認して改善していくようになった。アナリストは選手の成長を陰ながらサポートしていくが、データはあくまで補足資料に過ぎない。根本にあるのはどうやってそれを伝えるかであり、相手の心理状態も読まなければならない。次章では、そうしたコミュニケーションについて展開していく。

Method 5　Communication

アナリストとコミュニケーション

コミュニケーションと心理学

データの話をするにしても戦術の話をするにしても、人との対話が成立しなければ宝の持ち腐れとなる。そこでアナリストに求められるスキルが、コミュニケーションと心理学だ。

コミュニケーションはキャッチボールと似ている。相手の目線に合わせることや、受け答えが合っていないと成立しない。つまり、他者を理解することが重要となる。相手がどんな性格なのか、今の心情はどうなっているのか、普段の言動の特徴は何か。こういった心の働きを、心理学用語では「社会的認知」という。この能力が高い人ほど、誰とでも円滑なコミュニケーションを取れる能力に長けていると私は考えている。

では実際に、社会的認知を向上させるにはどうすればいいだろうか。まだプロの現場に慣れていない、もしくはプロの世界を知らない人が、いきなりプロサッカー選手と話し合いを行ってもうまくいかないだろう。その要因は、何を話していいかわからないからだ。このマインドを変える必要がある。相手との関係性を良くするためには、うまく話すことではない。うまく聞くことが重要であり、いわゆる「聞き上手」になれるかどうかが鍵を握る。聞き上手とは、相手の話を単に引き出すだけでなく、内容をむやみに否定せず受容することができる人のことを言う。とはいえ、難しいのはずっと聞き手になっていると、意見や指摘がなくなってしまい話す側にメリットが感じられなくなってしまうこと。このバランスを取りながら対話することが次のステップとなる。

他者を理解しようと試みながら、タイミングを見て的確に指摘をする。これは心理学の世界でも概念化されている。その1つが心理的な問題を解決するために主に医療・福祉現場で使われている学問、臨床心理学だ。「臨床」とは相手に寄り添うことを意味しており、心理学においても重要であることからこの概念が定着している。その一例が鎮痛剤だ。体に痛みを抱えている患者に薬を与える。それを飲まなければ痛みは続くが、飲んで治まればまた痛みが生じた時に薬を飲むという行動が取られるようになる。同様に私も不調に陥っている選手に軽くアドバイスを与える。耳を貸さなければ不調は続くが、聞いてみて不調から脱することができれば、次も調子が悪い時にアドバイスを求めるという行動が取られるようになる。

そうして成功体験を繰り返していくよう導いていけば、他者にとって自分との対話が一種のクセになる。心理学的にはこれを「オペラント条件づけ」と呼ぶ。これを実現するには、医療では相手がどこを痛めていて、どのような鎮痛剤を必要としているのか、サッカーではどこが悪くて、どのようなアドバイスが必要かを読み取れなければならない。そこで重要なのがコミュニケーション、すなわち対話だ。そこには他者が存在するはずで、他者を理解せずして良い関係性は作れない。理解した上で、相手に寄り添い、常に最適解を導き出せるような存在となること。そのために心理学の適用は有効だ。

監督・コーチ陣との関係性の築き方

では具体的に、私は監督やコーチ陣、選手らとどのように関係性を築いてきたのか。まずは監督との関係性についてからお伝えしていこう。私は過去、日本人のみならず外国籍の監督とも一緒に仕事をしてきた。それぞれ異なる特性を持っていたのは明らかで、その都度どのように接すれば良いサポートができるかを考えていた。日本人の監督であれば、日本語が通じるので直接やり取りができるが、外国籍の監督の場合は言語が異なるゆえに真意を聞き出すのが難しい。

私が関わった監督の出身国であるブラジル、フランス、オーストラリアなどの国民性はどういうものなのか。一般論としての知識を入れておきつつ、その監督の過去も調べた上でファーストコンタクトを取る。往々にして、最初はこちらに対する評価は低い。どれだけの仕事をこなせるのか、スピード感や自分の思うように動いてくれるのかわからない状態なので至極当然である。そこから、まずは監督の求めるサッカー像やコンセプトなどを整理し、いち早く自分に吸収して取り入れなければならない。

意外にも、これが難しい。長くサッカーを見ていたりプレーしたりしていれば、自分の中に価値観が生まれている。それを一旦度外視して、新しい見方を取り入れる作業を行わなければならない。ただ、この作業が早ければ早いほど、信用度は増す。相手に寄り添う方法の1つでもあるかもしれない。対話として聞き出すことももちろんだが、特に言葉がわからないのであれば、どういうシーンやシチュエーションの時にアクションを起こすのか、それを観察するのも監督とのコミュニケーションだ。基本的に「結果」

を残せば信頼度が増すことに変わりはないのだが、監督の心情を読むには、国民性を理解することから始めなければならない。

一方で、アナリストの視点が監督とまったく同じである必要はない。あくまでサッカー観やコンセプト、良し悪しの基準などを把握する程度で、自分自身の意思を捨てるという意味ではない。立場上、監督はアナリストよりも上の立場に立っているが、だからといって「イエスマン」になっていては存在している意味がない。理解した基準から外れないようにしながらも監督が気づいていない情報などを提示するのが、アナリストならではの役割となる。監督との関係性を築く上で、与えられた役割を全うすることはもちろん、それ以上の何かを提供することが重要だ。

次にコーチ陣について。コーチには様々な役職がある。監督の側近であるヘッドコーチ、そのサポート役のコーチ、ＧＫコーチ、フィジカルコーチが主だ。それぞれのコーチに対してどう関係性を築き、どういうコミュニケーションを取っていくのか。

ヘッドコーチは監督に最も近く、各クラブや各監督の意向によって仕事内容は異なるものの、練習メニューの考案、選手への指導、ミーティング資料の作成と多岐に渡るのは間違いない。そこで彼らが重視するのは、仕事の効率化である。資料を作る、映像を作る、練習メニューを作るなど「作成」が主で、ヘッドコーチ1人が行っていては作業量が毎日膨大な量になってしまう。それを考慮し、アナリストはその補助を行うことがある。何を作成しようとしていて、何の素材が欲しいのかを聞き出す。その理解が進むと逆にこちらから提供することもある。これも1つの「結果」の出し方だ。

相手の心情を読み解き、寄り添いながら、言われる前にあらかじめ提供できればそれは間違いなく信用性が増す。それを可能にするために、対話を常日頃から重ねたり、ヘッドコーチの作成物に新しい視点を提供したり、素材を渡すまでの時間を短くしたりする。

サポート役のコーチは、例えばセットプレーの担当を任されることがある。Jクラブの場合だと監督やヘッドコーチがセットプレーの分析を詳細にするケースは少ない。アナリストが行う場合もあるが、トレーニングでコーチングするという観点から、コーチが担当することが多い。次の対戦相手のセットプレーへの対策を練るとしても、その映像は提携している外部会社から取得する場合もあるが、アナリストが次の対戦相手の分析をする際に取得し渡す場合もある。セットプレーの中で特徴的なシーンだけをアナリストがチョイスし、それを渡すこともあった。ここでもコーチと対話しながら、そのコーチが気づいていない相手の弱点や動きの特徴などを助言する。また、修正が必要となった場合に、アナリストの視点からのアドバイスを聞かれることもある。求められている答え以上の気づきを与えられれば、関係性が良好化していくので、その人の性格や言動を把握していることが求められる。

ＧＫコーチは、役職名の通りＧＫの指導がメインだ。フィールドプレーヤーとは一線を画す特殊なポジションであるがゆえに専門のコーチを置くわけだが、問題点がある。選手とコーチともにＧＫが専門となると、目線が同じで別の視点が持てなくなってしまうことだ。選手はコーチの意見をそのまま受け入れる体質があり、もしいつも同じことを言われていたとすると、違う視点での成長が妨げられてしまう可能性もある。そこで、アナリスト目線でのＧＫや、チームという全体像から見えた気づきなどを伝える。一例としてマークのズレが発生してフリーでシュートを撃たれ、ＧＫが為す術もなく失点したとしよう。ＧＫはＤＦに責任を問うかもしれないが、前者は最後尾に立っているため正面の１８０度の視界だけでボールと相手選手を見られる一方、後者は背後にも相手選手が入ってくるため、ボールと同一視野に収められない場合もある。そのため、GKからはマークを外さないのが当然に見えても、DFにしてみれば死角に入られて見えていなかったり、視界に入った他の相手選手に注意を向けていた可能性がある。そうした違いを理解させた上で、GKコーチとコーチングの改善方法を話し合ったりするのもアナリストの仕事だ。

フィジカルコーチは、主に選手のフィジカルデータを扱うことが多い。アナリストもデータを扱うことに慣れているため、そのまとめ方や共有方法を一緒に考えることがある。ExcelやNumbersといった表計算ソフトの使用法のみならず、クラウドサービスの使い方、統計学の知見の共有なども行う。この対話が最も難易度が高いだろう。ITが絡んでくることも一因だが、専門的な用語が飛び交ったりもするので、フィジカルにおける知識を兼ね備えておく必要がある。

選手との関係性の築き方

選手とコミュニケーションを取るケースとして最も多いのは、対戦相手の情報を伝える時だが、監督やコーチに対する不満や愚痴を聞くことだってある。選手も人間であり、うまくいかない時や起用されない時に不満を抱くのはごく自然のことだ。そうした不平不満をぶつける相手として、数いるスタッフの中でアナリストを選ぶことがある。なぜなら、アナリストは監督やコーチ陣と近い関係にありながら、選手とも近い「狭間」の存在だからだ。監督やコーチの本音を聞き出せる人や、彼らに直接言いづらいことを代わりに言える人でもあるかもしれない。

その時にアナリストはどうコミュニケーションを取るべきか。選手の意見を素直に受け取り肯定するだけでは監督批判に加担していることになるし、完全に否定したら選手は理解者を失ったと失望感を覚えるかもしれない。

だからこそ、より選手の意見を聞くようにする。それが間違っていたり方向性が違えば明確に「違う」と言うべきだし、合っているのに起用されないのであれば、意見は正しいと認めつつ改善点を的確に伝える。それを受け入れる体質に持っていけるかどうかが腕の見せどころだ。

あるいは、監督やコーチ陣への不満ではなく、自分自身への不満を持っていて、改善したい時にコミュニケーションを取ることもある。

例えば、試合には出場できているものの結果が出なかったり、対峙した相手選手と競り負けたことに落ち込んでいたり、自分に足りないことがわかっているようでわかっていなかったりした時などだ。そうした選手へのアドバイスは、監督やチームのコンセプトから外れないようにしながらも、監督やコーチらが指摘しないような目線で送るようにする。アナリストだからこそ見えてくる相手との因果関係や、選手から出てくるワードや視点とは異なる点をチョイスするとポジティブに捉えてくれることがある。

こうしたメンタルサポートをする上で起こるもっとデリケートな問題は、監督が提示した修正案に納得いかなかったケースなどだ。選手にも選手のサッカー観があるため、時に監督が言ったことを鵜呑みにできないケースがある。そういう時に、監督の心情や本音、選手の当時の心境や状況など様々なことを独自に理解し、再提示してあげることですり合わせる作業を行い、選手に落ち着きを与える。10代や20代前半の若手選手の場合、こちらからの意見を素直に受け入れる態勢はあるだろう。しかし、20代後半や30代の選手は経験値があり、こちらからの提示や提案がしっかり論理的な、あるいは具体的なものでなければ受け入れてくれない傾向がある。

選手の年代や経験値によって、アナリスト側の準備や対応が変わってくるということだ。誰とでも同じように接するべきだと言う人もいると思うが、人は年齢と経験によって価値観が違ってくる。10年前から今までモノの捉え方や感じ方がまったく同じだという人は、おそらくいないだろう。それだけ人は考え、変わり、成長する。それはプロ選手であれ、同じだろう。

そうしたメンタルサポートに加えて、テクニカル（技術）やタクティカル（戦術）についての対話もある。監督やコーチが率先して行う項目ではあるものの、アナリスト側からもアドバイスを送ることがある。

メンタルサポートについては、年齢や経験値、出場機会の違いによって対応を変える必要があった。一方でテクニカルやタクティカルについては、ポジションを基準にして対応を変える柔軟さが求められる。指導経験がある方には当たり前の話かもしれない。例えば以下のようなことを言う。

・**CF**

動き出し、ボールの引き出し方、シュートの打ち方、クロスへの入り方など、主に攻撃に関する助言。

・**ウイング／サイドハーフ**

突破の仕方、クロスの上げ方、外に張るか中に入るかのタイミングなどの攻撃から、周りとの連携、プレスバックの仕方、逆サイドにボールがある時の立ち位置などの守備まで助言を行う。

・**ボランチ**

攻撃に関してはボールを止める＆蹴るという基本の技術向上、体の向き、視野の確保、守備に関してはポジショニングや相手の捕まえどころ、バイタルエリアのケアなどを伝える。

・WB／SB

攻撃ではオーバーラップのタイミング、クロスの仕方、ビルドアップ時の立ち位置、パスの出しどころ、守備では相手をどう止めるか、サイドでの守備の連携、CBとの距離感などをアドバイスする。

・CB

攻撃に関してはパスの出しどころ、ショートパスかロングパスかの選択、サポートの仕方、押し上げ方、守備に関しては相手のFWの抑え方、体の向きと強さ、クロスの対応、マーキング方法、視野の確保などを提案する。

アナリストが選手とコミュニケーションを取る上で、このような指導者からすると基礎的な話を率先して行うことは「ほとんどない」。これらは監督やコーチが専門家となる。もちろん、アナリストが話をすることもあるが、与えられた役割と異なる部分でもあるため、コーチとは別視点で戦術的な話をすることが多い。他のアナリストも同じかと言われると不透明だが、少なくとも、私はどのクラブでも選手とのコミュニケーションは以下のように取っていた。

・CFであれば相手GKの弱点を伝えたり、ボールを受ける前の首の振り方を指摘したり、スペースがどれだけ見えていたかを確認する。

・ウイング／サイドハーフであれば、今までのフェイントの利点と欠点を伝えて新しい突破の仕方を発掘したり、守備において前に出た方が良いのか、構えた方が良いのかを相手目線で伝える。

・ボランチであれば、ボールを奪われないために手の使い方を教えたり、不得意と思っているロングボールの選択肢を増やしてあげたり、守備において体の入れ方を指摘したり、背後を見る癖をつけさせる。

・WB／SBであれば、縦パスだけでない斜めのパスの選択肢を増やしたり、そのための軸足の置き方やファーストタッチの置きどころだったり、守備において前の選手を動かすための声の出し方だったり、ドリブルで抜かれてしまう要因を伝える。

・CBであれば、ボランチだけでなくトップ下の選手までの視野の確保の仕方を伝えたり、逆足でパスを出す時の注意点を指摘したり、GKからボールをもらう時の立ち位置を変更させる。ステップの踏み方や前線の選手への指示の出し方も教える。

かなりマニアックな話に聞こえるかもしれないが、選手はこうした細かな話を求めていることが多い。選手によってポジションや特徴は異なるため、アナリストは各選手に沿った話題を提供することが求められる。もちろん、これらをいつ、どのタイミングで行うかも考慮する。また、その方法だが、口頭で説明する場合もあるし、映像を引っ張ってきてディスカッションすることもある。それらが独自にできてしまうのも、アナリストの強みであると言えるだろう。

試合当日のコミュニケーション

ここまでは、試合前後の日に選手と取るコミュニケーションだ。では、試合当日におけるコミュニケーションとは何かをご紹介しよう。

まずはキックオフの前。クラブによって異なるが、4~5時間前にホームであればクラブハウス、アウェイであればホテルに集合するケースが多い。その試合に向けた最後のミーティングを行うためだ。これは主に監督が担当し、私のようなアナリストが口出しするシーンはほとんどない。

その時間では相手のスターティングイレブンが発表されておらず、選手とコミュニケーションを取る場合、「相手の○○選手は出場しそうですか？」とよく聞かれる。選手は事前の心構えとして誰と対峙するかを気にしているため、インターネットのニュースや番記者の記事など様々な情報を仕入れているアナリストを頼りにすることが多い。

待望のスターティングメンバーが発表されるのはキックオフの約2時間前。それからウォーミングアップが開始されるまでの約1時間が、アナリストの腕の見せどころとなる。予想と同じであれば、事前に準備してある相手選手の個人映像などを用いて、選手に特徴を伝えられる。しかし異なった場合は、相手選手の情報を新たに集めたり、映像をその場で作成したりして選手に伝えなければならない。

そこで発生する選手とのコミュニケーションで大事なのは、実際の試合で起こり得る「想定内」をどれだけ増やせるかである。

その試合における状況や相手の心理、自分たちに対する分析までも予測し、他のコーチとは異なる視点で選手と話す。これは選手の頭の中を整理する意味合いと、ピッチに立った時の混乱を避けるために重要な作業となる。もし相手のシステムや選手の配置が分からなければ、相手のウォーミングアップを確認しながら紐解き、ロッカールームに引き上げる前に選手に伝えることもある。

いざ試合が始まれば、予想がどれだけ当たっているかを見つつ、修正すべき点を整理しながら観察する。必要があればハーフタイムで簡潔に選手とコミュニケーションを取る。事前に話したことと相違はないか、あればどう対処すればいいのか。あるいは、相手がハーフタイムに修正する可能性の高い点を先読みして伝えることもあるだろう。試合が終われば、この試合での反省点や次の試合に向けての修正点を話し合う。これが、試合当日の選手とのコミュニケーションである。

プレゼンテーション

監督やコーチ陣、選手らとのコミュニケーションの中でも主に対話について記してきたが、「プレゼンテーション」についても触れておく。「話す」ことと「伝える」ことの意味では同義であり、アナリストにとって力を発揮できるシーンでもあるのでご紹介したいと思う。

まずどういう時に行うかというと、役割によって異なるが次の対戦相手のスカウティングについて選手全員にプレゼンすることが主だ。そのタイミングは試合の2日前か、前日か、当日かも監督によって分かれる。

監督、コーチ、選手全員が集合し、PowerPointやKeyNoteなどのプレゼンソフトを使用しながら、映像やアニメーションを組み込み、次の対戦相手のことを説明する。この「スカウティングのミーティング」で注意すべきは発表時間だ。私は必ず20分以内で終わるようにしていた。本来であれば、時間をかけて相手のことを事細かに伝えたいのだが、20分以上となると聞き手側は集中力が落ち、情報が頭に入り切らない。これはプロの世界に入る前、ドイツ人のアナリストとディスカッションをした時に教えてもらったことで、実践して効果があると実感したので継続していた。

「伝え方」にも注意が必要だ。往々に行ってしまうのは「相手の強み」を強調してしまうこと。「サイド攻撃が多彩で、中央にはヘディングに強い選手がいる」、「奪われた後の囲い込みが早いので気をつけよう」、「ペナルティエリア内の守備に人数を多くかけるのでシンプルなクロスは通りづらく、ボランチの守備意識が高いためにバイタルエリアも空けてくれない」など。私は、ミーティングでこの類の話をあまりしない。人間は意外にも洗脳されやすく、まして信用している人の発言であれば、鵜呑みにしやすい性質も持ち合わせている。選手との関係性が良好であればあるほど、「相手の強み」の強調はマイナスに働いてしまう。だからこそ、私は「相手の弱み」ばかりを取り上げていた。たとえそれは格上のチームでも、代表選手であっても変わらない。

もちろん、選手に相手の強みをまったく伝えないわけではない。ただ、それはプレゼンの目的は相手を深く知ることに加えて、自分たちがその相手に勝つための情報整理をするプレゼンで行うには不適切だ。だから、全員が参加するミーティングでは伝えず、対象選手にのみ個別に話すようにしていた。伝えられた側の選手がそれを受けて、ポジティブな思考と自信を持つことが重要となる。

Special Dialogue 2

特別対談：森岡亮太×杉崎健
選手目線で迫るアナリストの実像

選手の目にアナリストの仕事はどう映っているのか――？

杉崎アナリストがヴィッセル神戸時代にサポートした仲で、現在はベルギー１部のシャルルロワで不動の司令塔として活躍している森岡亮太選手に、当時を思い出してもらいながらデータや映像への向き合い方を教えてもらった。

ヴィッセル神戸時代のゴール秘話

――まずはヴィッセル神戸時代、お２人はどのようなご関係だったのでしょう？

森岡「スギさんは対戦相手の分析、スカウティングを担当されていて、出てくるのは監督が次の対戦相手のミーティングで、分析した映像を見せるタイミングでしたね。当時から普通にスギさんと呼んでいて、いつの間にか普通の選手とアナリストの関係よりも距離が近くなっていましたね」

杉崎「森岡選手は当時20代前半だったんですけど、安達亮監督にも『亮さん』と気軽に話しかけて、自分の意見をズバッと言っていたのが印象的でしたね。若くして自分の考えや感覚を持っている選手は、日本だとかなり珍しいタイプです。１つ覚えているのは、僕はヴィッセル時代だと先乗り、自チームの試合には帯同せずに次の対戦相手の試合を視察していたんですけど、離れていても何かチームに貢献できる方法はないかと考えていたんです。そこで実際に試合で起こり得るシーンを想定した海外サッカーの映像集とかをDVDにして、ウォーミングアップ場で流してもらうようにしていたんですけど……

覚えてる？」

森岡「あー、見てましたね」

杉崎「その形で2014年6月にナビスコ杯でベガルタ仙台と対戦する前に、海外の選手がダイレクトでシュートを撃つと見せかけてパスをコントロールし、相手をかわしてシュートを流し込んだシーンを映像集に入れて見せていたんです。すると、試合本番で森岡選手がまったく同じような形からゴールを決めてくれて、翌日に会った時に『スギさんの映像のおかげで決めれたわ』って言われたのは、今も記憶に残っています」

森岡「えー、まさにアナリスト冥利に尽きるじゃないですか（笑）。でも確かに今まで見てきたいろんなサッカーの映像が、試合中にシンクロする感覚が僕の中ではあったりするんですよね。だから今もできるだけ毎日サッカーを見るようにしています」

杉崎「そういう感覚を研ぎ澄ましてもらいながら、森岡選手は当時から『欧州に行きたい』、『日本代表に入りたい』という野心を口にしていたので、その目標に到達できるようなサポートを心がけていました。今もそうですけど、森岡選手は攻撃の仕上げに一番関われる選手で、ヴィッセル時代は4―2―3―1のトップ下をやっていたんですね。だから最後のプレーや視野の確保を向上させる方法について話していました」

森岡「それは覚えていますね。スギさんは僕のプレーを客観的というか俯瞰的に見てくれて、僕の頭の中にはなかった選択肢を教えてくれたりしていました。例えばボールを受けた時に、実際には同じサイドにパスを出したんですけど、逆サイドにも展開できたんじゃないかと。スギさんはさらに深堀りして、そういう選択肢を確保するためにどのタイミングで何を見ておけばよかったかという過程まで一緒に考えてくれていましたね」

杉崎「人間の視野って最大でも約200度で背後は見えませんよね。映像で360度を振り返ってみると、本人も気づいていない選択肢があったりするんです。ただ森岡選手はもともと視野が広いので、ボールを持っていてもかなり注意深くプレーしていました。それなら、ボールを受ける前の首の振り方や体の向きに伸びしろがあるかもしれない。そうやって改善点を探りながら、選手本人と話すのは今も続けていますね」

森岡「あんまり選手と話が合うアナリストはいないんですけど、スギさんの説明は説得力があったんですよね。全然主観的じゃないので聞き入れやすかったというか。1つの意見として参考になっていたので、自然とよく話すようになったのかもしれないです。僕自身も論理的な話は好きで、データとかも結構見るタイプなので」

杉崎「当時は毎節のデータをまとめたExcelシートを印刷して、ヴィッセルのクラブハウスの1階のモニター前に貼っていましたけど、森岡選手はいの一番に見ていましたね」

森岡「あー、ありましたね。冊子みたいにまとめてくれていて、僕は走行距離とスプリント数を見ていました。当時は周りからあまり走れない選手というイメージを持たれていたんですけど（苦笑）、データを見て『いや、走れてるやん！』って自分の中で反論していましたね。あとは各試合でどれくらい走れているかという感覚と、データを照らし合わせてイメージを一致させていました」

杉崎「当時はまだトラッキングデータが主流ではない時代でした。コストが高いので導入できるクラブが限られていたんですけど、ヴィッセルは真っ先に取り入れていました。まだ現場に生かす方法が確立されていない中で、数字や図も作りながら実験的に張り出していたんですけど、有効活用してくれていたようで安心しました」

ベルギーリーグのアナリスト事情

――その後、杉崎さんは日本のベガルタ仙台、横浜F・マリノスで分析を担当された一方で、森岡選手は欧州に活躍の場を移しました。ポーランドを経て渡ったベルギーでは3クラブでプレーされていますが、同国リーグでは各クラブに何人くらいのアナリストがいるのでしょうか？

森岡「チームによって違います。ベフェレンには専門のアナリストはいなかったですね。コーチ陣が分業制で分析を担当していました。アンデルレヒトは1人かな。今所属しているシャルルロワも1人で、2人以上いたチームはないですね」

――ベルギーはサッカー協会が各クラブのアナリストを集めて講座を開催したり、国内リーグでも最新のテクノロジーを導入して試合映像を撮影していると聞きましたが、アナリストの人数は日本とあまり変わらないんですね。

森岡「ベルギーリーグのクラブは規模があまり大きくないですからね。それこそ欧州のトッププレベルまで行くとまったく次元が違うサポート体制がそろっているでしょうけど、僕はそれを知らないので」
杉崎「その人数だと、どのアナリストもスカウティングを担当しているのかな」
森岡「そうですね。まさにヴィッセル時代のスギさんみたいな。ミーティングでPowerPointを操作している姿を見かけるくらいですね。あとはチームで共有しているHudlの映像アプリの使い方を教えてもらった時くらいしか話していないです」
杉崎「アナリストから次の対戦相手の個人プレー集とかって渡されたりするの？」
森岡「選手が欲しがったら作ってくれたり、コーチから見せられることはあります。でも、基本的には守備だけです。よくDFだけ集めてミーティングをしてますね」
――森岡選手はベルギーでは外国人選手という立場ですよね。映像が共通言語としても機能しているのでしょうか？
森岡「そうですね。今もポーランドのシロンスク・ブロツワフに行った時の経験が生きていて、当時はチーム内で話されているのがポーランド語だけでした。まだ英語も喋ったり聞き取れなかったので、正直ミーティングでは何を言ってるかさっぱりわからなかったんですね。でも百聞は一見に如かずではないですけど、映像は言葉や説明がなくても目で理解できるので、気づいたらポーランド人選手よりも監督の意図が通じていたみたいです。だからフランス語やオランダ語のようにいろんな言語が使われているベルギーに来てからも、まずは映像を見て狙いを考えるようにしていますね」

――映像を作る側である杉崎さんはいかがでしょう？　横浜F・マリノス時代に作成された映像はエジガル・ジュニオ選手やティーラトン・ブンマタン選手ら外国人選手から好評を得ていたそうですが、意識されていることはありますか？

杉崎「映像に入れる言葉にはかなり気を遣っていますね。日本ではミーティングに通訳が入ってくれるんですけど、映像とタイミングが合わない時があるんです。説明を訳してくれている時に次の映像に移ってしまうと、外国人選手はどちらの映像の話なのか混乱してしまう。それが選手にわかるように、映像内では日本語ではなく英語を使うようにしていました。日本だと外国人選手に合わせるのが一般的だけど、ベルギーだとどうなのかなと」

森岡「今のチームのミーティングで使われているのはフランス語だけですね。でもアナリストが実際の映像をうまく編集してくれているので、あまり言語は問題にならないです。例えば相手選手を丸で囲っていれば『この選手に気をつけろ！』という注意で、相手選手を消して別の場所に置いていれば『このスペースを使え！』という指示だと一目でわかりますよね。編集技術が昔より進化しているのもあって、さらにわかりやすくなっています」

――現地の選手より森岡選手の方がミーティングを理解していたというお話がありましたが、よく日本人選手は欧州の選手と比べて戦術理解度が低いと言われますよね。森岡選手の実感としては、そんなことはないのでしょうか？

森岡「一口に欧州と言っても上から下までいろんな国やチームがありますからね。トップレベルではまた違うでしょうけど、戦術理解度の中でもミーティングで説明を理解するのと、ピッチ上で相手を前に実践するのとではまた違った難しさがある。日本人は座学のように他人の説明を聞いて理解するのは得意ですけど、それを応用して自分の意見として言う議論は苦手ですよね。サッカーでも同じことが起こっていて、日本人の戦術理解度が低いと言われている要因の1つかもしれないです」

――それは日本代表の森保一監督も課題として挙げている「対応力」が足りないということですか？

森岡「足りないというか……難しいですね。臨機応変に対応できる柔軟性が日本人にないわけではないです。ただ、思惑通りに試合が進まなくて選手個人で大きな決断をする必要が出てくる場面では、まだまだ弱いのかもしれないです。逆に欧州の選手は監督の指示をまったく聞かないくらいなので、不測の事態にも強いんですよね。そのバランスが大事だと思います」

森岡選手がデータを目標にしない理由

杉崎「ちなみにヴィッセル時代にやっていたようにデータは見せてもらえるの？」

森岡「監督によりますね。ベフェレンの監督は情報をバンバン出して、ヴィッセル時代みたいに一人ひとりの走行距離やスプリント数まで細かく見せてくれたんですけど、今の監督は情報を厳しく管理していて、口頭で『よく走ってたぞ』と言うだけです。練習から映像とデータを取得しているのは知っているんですけどね（笑）。だから、今は代理人が契約しているInStatのデータを共有してもらって、自分でパスの成功数やデュエル数を見ていますね」

——でも、森岡選手は以前のインタビューで「数字で目標は設定していない」とお話されていましたよね。

森岡「そうですね。数字を見るのと、それを目標にするのはまた話が別なので。目標にしてしまうと、やっぱり試合中に意識してしまうんですよね。例えば、あと数回で目標のアシスト数に到達するとなれば、チャンスが来ても『いや、シュートは撃たずにパスしとくか』と考えてしまう。でも実際のプレーはそうやって決め打ちできませんよね。一瞬一瞬で変わる状況で、最適なプレーを選ばないといけないので。だから、データはあくまで振り返りに使っているだけです。今はポジションがボランチに変わって、ゴール数やアシスト数も以前より必要ではなくなったので、さらに意識しなくなりましたね」

——実際に森岡選手が得意とされているようなスルーパスも、パス本数やパス成功率のようなデータだけでは評価できませんからね。

森岡「そうですね。データはあくまでも表面に過ぎないです。数字上では同じ1本のパスでも、それぞれ長さも速さも高さも向きも違う。もし似たようなパスだったとしても、選手の頭の中では『一か八か』かもしれないし、『狙い通り』かもしれない。そういう意図や感覚はデータには表れてこないですよね」

杉崎「データは誰でも理解できる反面、誤った解釈を導いてしまいやすいんですよね。だから、僕もヴィッセル時代からプレゼンで数字を使っているんですけど、あくまでも補足材料という位置づけです。例えば、カウンターを受けているシーンを出したとしても、それは毎回起こるのか、偶然起こったのかわからない。そこで『1試合あたりカウンターからの決定機を3回以上作られているチーム』というデータをぽろっと出して、証拠のように使っていましたね」

森岡「選手も意識する部分と、割り切る部分をバランスよく使い分けられるようにならないといけないです。例えば、パス成功数が減っていてもそれを鵜呑みにするのではなくて、『どういう試合内容だったか』、『どういう監督の戦術だったか』、『どういうプレーの状況だったのか』といういろんな前提をまず思い出して振り返らないと意味がないです。選手が自己分析できるようになっていく必要もあるのかなと」

――でも選手が自分で分析できるようになると、アナリストが要らなくなりませんか？

杉崎「僕は今年もパーソナルアナリストとしてJリーガーを見ていますけど、やっぱり彼らもプロなので自分の短所について自覚があるんですね。でも、その原因や改善方法は選手自身ではわからなかったり、そればかりを意識してしまって他の短所が見えなくなってしまっている時もあります。そこで違う視点から気づきを与えるのがアナリストの役割だと考えていますね」

森岡「そういう第三者としてアナリストは必要ですよね。あと自分で映像を見るにしても、これだけ世界中にいろんなチーム、いろんな戦術、いろんなフォーメーションがあるので、見るべきサンプルはいくらでもあるんですけど、その分探すのが難しくなってきている。そこから自チームや対戦相手、選手個人に合った映像を見つけて、わかりやすく選手に伝えられるように編集できるのはアナリストだけですね」

トレーナーとのハイブリッドが秘める可能性

――最後に今後アナリストはどのように進化していくのか、選手の視点から展望していただけますか？

森岡「トレーナーの知見も兼ね備えたアナリストが入ってきたら、選手としてはありがたいですね。例えばコンディションの管理は本当に難しくて。些細なことで大きく変わってしまうので、選手としてもコンディションが悪いという自覚のないまま、ケガをしてしまうこともあるんですね。無意識にコンディションが表れる体の動きをチームのトレーナーに細かく見てもらいたいんですけど、僕は欧州のクラブでそこまでやってくれる人に出会ったことは一度もない。だから彼らの指導に不安を抱いてしまう時もありますね」

——欧州では信頼できるトレーナーと個人契約して、パーソナルトレーナーと練習するのが当たり前になっていますからね。

森岡「僕自身も何かあった時は日本のトレーナーにわざわざ連絡しているくらいなので。でも理想としては、そういう信頼を置ける人がチームにいた方がさらに安心できる。その問題を解決できるのが、アナリストとトレーナーのハイブリッドだと期待しています。映像を扱っているアナリストが、トレーナーのように選手の調子が良い時と悪い時の体の動きを見比べられれば、いち早く各選手のコンディションの異変に気づいてケガを予防できるようになりますよね」

杉崎「僕たちアナリストもＤＦにステップの踏み方の話をしたりしますけど、フィジカルについては専門ではないので、さらに勉強していく必要があるかもしれませんね。一方で映像から自動的に全身の動きを解析するモーションキャプチャーのＡＩも登場しているようにテクノロジーも進化しているので、分析の仕方そのものが変わっていくかもしれないです。さらには伝え方も変わっていくでしょうね。映像は二次元ですけど、今後は３ＤやＶＲなどの導入により三次元での視覚化が可能となるので、選手によりわかりやすく伝えられるようになるかもしれません」

――実際に英放送局『Sky Sports』ではＶＲを使って試合中の選手の視点を再現しながら得点シーンの解説をしていますね。オランダのアヤックスの練習場でもそうした技術がすでに導入されているという話を聞いたことがあります。

杉崎「そういうデバイスを開発しているテクノロジー産業、他にも５Ｇが登場してきたネットワーク産業に深く関われるのは、サッカーチームだとＩＴリテラシーに優れたアナリストだと考えています。最新技術と現場を繋ぐ架け橋としても、僕たちが機能していかないといけないですね」

――他に、杉崎さんから森岡選手に聞いておきたい質問はありますか？

杉崎「森岡選手の今後の夢を聞いてみたいです」

森岡「今後の夢ですか？ 来年のW杯で優勝することですね」

杉崎「代表に選ばれるのではなくて、それ飛び越えて優勝すると」

森岡「いや、そうでしょう。だって夢でしょう？」

杉崎「それを聞けただけでだいぶ満足しました。僕も今年からフリーになってオンラインサロンを運営しているんだけど、日本代表のW杯優勝に貢献するという夢を掲げて活動していて」

森岡「面白そうですね。でも、大丈夫ですか。もうW杯まで1年くらいしかないですけど（笑）。そこに間に合わせてもらわないと、困りますよ。僕も代表チームに顔見知りのスギさんがいた方がいいので」

杉崎「じゃあ、また次は来年のW杯で会えれば」

森岡「そうですね。楽しみにしています」

Photo: Royal Charleroi Sporting Club & Julien Trips

Ryota Morioka

森岡亮太

京都府城陽市出身。中学時代には全日本ユースフットサル大会に出場。地元の久御山高校を経て2010年、高校卒業と同時にヴィッセル神戸へ入団する。チームがJ2降格から再起を図った2013年に背番号10を託され、J1復帰に貢献した。2014年にはマルキーニョス、ペドロ・ジュニオール、ファビオ・シンプリシオら助っ人外国人選手と強力な攻撃陣を形成。J1優秀選手に選出され、日本代表デビューも果たした。2016年にポーランド1部のシロンスク・ブロツワフで欧州挑戦をスタート。加入直後から存在感を発揮し、2017年にはベルギー1部のベフェレンにステップアップ。ベルギーで飛躍を遂げた日本人選手の先駆けとなり、2018年には同リーグの名門アンデルレヒトへ活躍の場を移した。2019年に出場機会を求め、同リーグのシャルルロワへレンタル移籍。中盤を支配する司令塔として定着し、完全移籍を果たしている。

PLAYING CAREER

2010-15 Vissel Kobe

2016-17 Śląsk Wrocław (POL)

2017-18 Waasland Beveren (BEL)

2018-19 Anderlecht (BEL)

2019- Charleroi (BEL)

Method 6　　Weekly Schedule

アナリストが過ごす
1週間のスケジュール

レギュラーな1週間

アナリストのスキルや役割、サッカーの見方や人間関係などを整理してきたが、この章ではそれらをどのようなスケジュールでこなしているのかを記してみる。参加するカテゴリーや大会によってその年のスケジュールは変わるが、ベーシックなサイクルからイレギュラーな対応まで、アナリストの基本的な1年間の過ごし方をご紹介する。与えられている役割によっても異なるためすべてを網羅することはできないが、概要を捉えていただければと思う。

まずはミクロな話から展開しよう。土曜にリーグ戦の試合を行い、その次の土曜に次節があると想定した時、アナリストは日曜からの1週間をどうオーガナイズしているのか。まずは日曜から。この日、アナリストは朝から前日の試合の振り返りを行う。方法は監督によって異なり、全員で同じ映像を見ながらディスカッションをする形や、各自が映像を見返してそれぞれの目線で分析レポートを持ち寄る形もあれば、90分のフルマッチを振り返らずロングハイライトを全員で確認して修正点を見つける形もある。いずれにしても、

SCHEDULE ～アナリストの1週間～

日	月	火	水	木	金	土
		※MTG=選手向けミーティング				リーグ戦：A戦
AM: ・A戦振り返り ・選手のデータ化 PM: ・振り返り映像編集 ・B戦に向けたレポート作成と情報収集	OFF	AM: ・A戦振り返りMTG※ ・分析レポート共有 PM: ・レポート基にした映像の詳細確認 ・水木金の練習構築を考える	AM: ・練習撮影 →編集加工、共有 PM: ・スカウティングMTG用の資料作成 ・個人用映像作成	AM: ・スカウティングMTG ・練習撮影→編集 PM: ・B戦の情報収集 ・個人用映像作成 ・セットプレー分析 →選手配置の考察等	AM: ・練習撮影→編集 PM: ・C戦の分析開始 ・当日に見せる映像の再編集等 ・B戦の情報収集	リーグ戦：B戦 ホーム ・情報収集 ・MTG ・リアルタイム分析 ・振り返り映像作成
AM: ・B戦振り返り ・選手のデータ化 PM: ・振り返り映像編集 ・C戦に向けたレポートと映像の資料完成	AM: ・B戦振り返りMTG ・分析レポート共有 PM: ・C戦向け映像の確認 ・スカウティングMTG用の資料作成 ・セットプレー分析	AM: ・スカウティングMTG ・練習撮影→編集 PM: ・個人用映像作成 ・C戦の情報収集 ・D戦の分析開始 ・映像の再編集等	カップ戦：C戦 ホーム ・情報収集 ・MTG ・リアルタイム分析 ・振り返り映像作成	AM: ・C戦振り返り ・選手のデータ化 ・分析レポート作成 PM: ・分析レポート共有 ・スカウティングMTG用の資料作成 ・セットプレー分析	AM: ・C戦振り返りMTG ・スカウティングMTG PM: ・個人用映像作成 ・D戦の情報収集 ・E戦の分析開始 ・アウェイへの移動	リーグ戦：D戦 アウェイ ・情報収集 ・MTG ・リアルタイム分析 ・振り返り映像作成

その素材となる映像はアナリストが用意しなくてはならない。そして、その試合で起きた問題点を分析し、整理し、展開していく。

そのために映像編集ソフトやプレゼンソフト、データでまとめる作業を表計算ソフトで作成するが、すべてをこの1日で終わらせることが多い。それが終われば、次の週末に当たる対戦相手の情報を収集する。対戦相手分析を主な役割として与えられている場合は、自チームの振り返りには深く関わらず、最初から相手の分析レポートの作成に取りかかるといった具合に時間の配分が異なる。

月曜はオフにする監督が多いが、アナリストはその日も有効活用しながら、火曜の朝には相手を分析したレポートをスタッフと共有する。チームとしても、ここから試合までの4日間の練習メニューの組み立てを迫られている中で、分析レポートは重要な役割を果たす。相手の特徴はどんなもので、それに対応するために必要な要素は何かを理解し、その現象に沿ったトレーニングを実施するのが基本だ。火曜の練習では戦術の確認や負荷の高いメニューを採用することはあまりしないが、必要であれば練習を撮影し、編集や共有なども行う。午後は相手の分析レポートに沿った「映像」をスタッフと見ながら内容を共有する。相手の攻守における長所と短所はどこか、それに応じて自チームはどう対応するべきかなどを話し合う。

水曜は、午前中の練習の撮影等は火曜と同様に行い、午後は翌日に控えるスカウティングミーティングのための資料を作成する。前日のスタッフ間の打ち合わせを受けて、データを使用するかどうか、攻撃と守備においてどのクリップを使うか、選んだ後はそれをどう編集するかなどを熟考する。さらにはミーティングのストーリー性を考え、プレゼンの流れを組む。それらが完成すれば、余った時間で相手の個人の特徴を捉えるような「個別対策用の映像」を作る。

木曜の朝。選手全員を集めてのスカウティングミーティングが行われる。こうして試合の2日前に行うクラブもあれば、前日の金曜や試合当日の土曜に行うクラブもある。2日前を例にすると、木曜の練習は紅白戦を行うケースが多く、このミーティングで見たイメージを持ったまま練習に臨めるメリットがある。練習の撮影を行うことはもちろん、そこで起きた現象や修正点を確認するため、撮った映像を加工し、選手らと共有することもあった。その日の午後は、相手の情報収集を行ったり、個別対策用の映像を完成させたり、セットプレーをより詳細に分析する。

金曜の練習ではセットプレーの確認を行う監督が多く、それを撮影、分析、加工したものを、試合当日のミーティングで見せることもある。試合の前日であるため、負荷の高いトレーニングを行うチームは少ないだろう。この日の練習が終われば、おおよそ翌日の試合に向けた準備は終わっている。ただ、アナリストに休む暇はない。残った時間で、さらにその次の対戦相手の過去の試合を分析し始めるのである。ちなみにアウェイゲームの場合、前日に移動することが通例のため、アナリストも帯同するケースがある。試合当日に見せる映像を再編集する役割や、直前で出てくる相手の情報をかき集め拡散する役割も担う。

試合当日を迎えた土曜。対戦相手の分析を任されて現地まで赴く場合は、公共交通機関を使って単独で現地スタジアムへと向かう。チームに帯同している場合は、朝からサッカーニュースに目を通し、少しでも有益な情報がないかくまなく探る。ホテルやクラブハウスにチームが集合するまでの時間を使って、映像やプレゼン資料の再確認、誰が出場してきたらどういう話を選手にアドバイスするかなどといったシミュレーションを行う。

実際に試合が始まれば、メソッド2と3で記載した「リアルタイム分析」をベースにメソッド5で示した「コミュニケーション」を駆使しながらチームをサポートし、試合が終わったと同時に翌日に行われる振り返りの映像をまとめる。

ここまでが、通常の1週間の流れだ。

イレギュラーな1週間

では、イレギュラーな流れとは何かというと、土曜に加えて水曜に試合が組み込まれる場合だ。レギュラーな1週間で行う作業を、日、月、火の3日間で仕上げなければならない。ちなみに選手は土曜の試合からリカバリーを行う必要があるため、戦術的なトレーニングができるのは前日のみとなる。それ以外には、体の回復や頭の整理をすることしかできない。それを踏まえ、スカウティングミーティングは通常の試合から2日前でなく前日に変更する必要が出てくる。また、月曜のオフをなくしてその日の朝にチームで振り返りのミーティングを行うこともある。

アナリストの具体的な流れを記そう。日曜の作業は概ねレギュラー時と一緒だが、追加で本来なら火曜の朝に共有している対戦相手の分析レポートもこの日に終わらせる必要が出てくる。月曜の朝にそれを共有し、その日の午後にはミーティング用のプレゼン資料や映像を完成させる。火曜に個別対策用の映像を作りながら、その次の日曜に行われる相手の分析を並行して行う。これが「中3日」と呼ばれる時のスケジューリングだ。サッカーに精通している人であればお気づきだろうが、「中2日」というスケジュールも存在する。それは水曜に試合をした後、次の土曜に試合が行われる場合などだ。これは1週間の作業を凝縮した「中3日」をさらに縮める必要があり、多忙を極める。

木曜に振り返りや相手の分析レポートを完成させることはもちろん、金曜に行うミーティングの資料もそろえなければならない。このスケジュールでは効率性や決断力を遺憾なく発揮しなければ、まったく追いつかなくなる。時間を作り出すために本来のスケジュールから削られるのは、練習の撮影等だ。これだけ各試合の間隔が狭いと選手も回復に努めるのみで次の試合を迎える可能性の方が高い。戦術的な練習や負荷の高いトレーニングができないため、アナリストは外よりも中で作業するケースが多くなるのである。

水曜に行われる試合の多くは、カップ戦のようにリーグ戦とは異なるコンペティションが開催されることが多い。各チームがメンバーを大幅に変更させたり、新たな戦術を試すためにリーグ戦から「変化」する可能性があるため、日曜と月曜の分析は困難を極める。情報収集にも時間がかかる上、選手にどんな映像を見せるかといった判断力と推測力も求められる。

これが、イレギュラーな試合日程となった場合のアナリストの基本的な動きだ。海外のビッグクラブともなれば中3日などのスケジュールが頻繁に起こり、おそらくほぼ休みなしで動き続けていることだろう。

数カ月単位で行う「まとめ」

マクロな話をすると、1週間の動きの中でせわしなく奮闘するアナリストは、チームを強化する上で別の角度から貢献することもある。それは、数カ月に1回行う「まとめ」だ。チームは1年かけて各大会での優勝や昇格など様々な目標に向かって歩みを進めている。一試合一試合を全力で挑むのは当然ながら、結果だけでなく内容も向上していかなければ、長期的な成果を得ることは難しい。そこで、数試合のように一定の期間を過ぎた時に、それまでの試合内容を「おさらい」するのである。主観でまとめるだけでなく、データや映像等を使って客観的に評価することが大事になってくる。

同カテゴリーの他チームとの比較も有効だ。今現在の自チームの立ち位置を知るきっかけにもなる。また、それ以降に向けてどこを修正すべきかを整理し共有することも重要で、1試合や2試合では見られなかった傾向を発見できることもある。例えば、コンセプトとして相手を上回り、球際での強さを求めているとする。直近の試合の「デュエル」のデータでは60％の勝率だったものの、5試合を統計したら45％だったとすれば、明らかに物足りない数値であり、トレーニングからもっと激しさを追求する必要があるかもしれない。あるいは、それをさらに分析してどういう状況で競り負けているのかを洗い出し、映像で指摘することもできるだろう。

こういった客観的なデータを用いた検証を受けての具体的な修正は、チームや選手を成長させる。チームのみならず各選手のデータを調査して個別に対応することもある。中盤の選手に対して縦パスの意識を強く求めているにも関わらず、ある選手のパスのデータのうち縦パスの割合が20％しかなければ改善させなければならない。ただ、そうした数字自体を伝えるだけでは意味がない。なぜ縦パスの割合が低いのかを検証する必要がある。ボールの受け方が悪いのか、受ける前の体の向きを直すべきなのか、周りを確認できていないのか、メンタル的に後ろ向きになっているのか。1試合だけではなく複数試合を分析し、精査していく必要がある。

ただ、漠然と各選手の改善点を探すよりは、こうした「まとめ」をベースにしたデータから導き出す方が効率的だ。イレギュラーな日程で進んでいるのであればなおさら、エクストラの業務に時間を多く割くことはできないためである。さらに自チームの選手は少なくとも25人はいるだろう。全選手の改善点を導き出すのであれば、相当なスピードで探し当てて成長を促すプログラムを考えなければならない。もちろんアナリスト1人では間に合わないので、監督やコーチ陣と分担して行う。そのための、「まとめデータ」をアナリストで用意するというわけだ。

何試合分もまとめて作成するとなると膨大な時間と手間がかかるため、私は1試合ごとに各選手のデータを集めていた。それが5試合、10試合と増えていけば必然とデータベースができ上がる仕組みを作り、さらにそれを映像と紐づけておくことで簡単に検索できるようにした。具体的には、専用のソフトウェアを使いながら自チームの試合から選手データを記録する時、各選手のGOOD&BADをすべて残し、カテゴライズする。

外部会社の協力を得て、自分で作ったデータベースに足りない部分を補うこともある。例えばレベル7や8のデータのように、自分で取得するには高難易度のデータなどだ。これらは複数試合を統計的にまとめることで見えてくるものが多いため、期間を定めて定期的にチェックすることでチームや選手の状態を見極めることができる。

私は過去に7試合に1回、まとめを行っていた。J1リーグは基本的に全34試合で行われているため、年5回程度行うように設定していた。こうして設定した期間における成績や天候、季節なども考慮に入れて分析する。例えば、レベル7の走行距離やスプリントなどのフィジカルデータを分析する時でも、集計した7試合のうち雨が5試合だったり、夏で気温が30度を超えていたのが4試合あったりすれば、他の期間と並列して見比べる時は注意が必要だ。そうした外的要因も整理した上で、その期間内における修正のテーマをいくつか候補に挙げながら、データでもそれが現れているかどうかを検証する。データや数字ありきで物事を進めようとすると誤認が生まれるため、こうした順序が重要となってくる。

シーズン前後から始まるアナリストの仕事

1日ごとや1週間というミクロな部分と、7試合や数カ月単位といったマクロな部分をご紹介したが、アナリストの役割はシーズンの前後にも及んでいる。シーズン前は、開幕戦が始まる前のいわゆるプレシーズンを指し、主にキャンプでの業務がそれに当たる。一方でシーズン後は、最終節が終わった後からキャンプが始まるまでの期間を指す。

まずはシーズンが始まる前を見ていこう。チーム活動は一般的に1月の中旬からスタートする。そして、ほどなくしてキャンプ地へと出発する。選手のみならず監督やコーチ陣が入れ替わるなど、昨年と完全に同じメンバーでスタートすることがないのは、サッカー界の移り変わりの激しさを物語っている。そんな中で、キャンプでチームが行うのは選手の体づくりやコンディションの強化だけでなく、コンセプトの浸透や開幕戦に向けた準備など多岐に渡る。

アナリストの役割は、対戦相手の分析だけでない。トレーニングを分析することもあれば、自チームの分析をサポートすることもある。キャンプの最初のうちは各チームともコンディションを上げるところからスタートするため、この時点では映像を取得したり分析したりすることはないが、一方でその空いた時間を使ってコンセプトを表す映像集を作成することがある。特に新しい監督であれば、どんなサッカーを目指すのか明確に選手に示さなければならない。もちろん、コーチ陣もそれを理解する必要があるため、監督と細かな打ち合わせを繰り返す。その都度、コンセプトやゲームモデルをわかりやすく映像等でまとめていく。日数が経過してコンディションが上がり、徐々に戦術練習をする回数が増えれば、コンセプトに沿いながらトレーニング映像を加工して、ミーティング等で戦術の浸透を促す。日によっては午前と午後の2部練習を行うクラブもあるが、その場合は練習の合間にあるわずかな時間を使って作業しなければならない。

さらに、開幕戦の対戦カードが決まれば、その対戦相手の情報収集にも取りかかる。相手選手個人の情報はインターネットでも十分に収集可能だが、試合映像がないためチーム戦術を確認する分析ができないのが問題だ。だから、そのチームの練習試合を直接視察したり、映像配信サービス等で配信されるのであれば必ずチェックし、何とかして映像や情報を手に入れようと奮闘する。

相手チームの分析や自チームの強化に携わりながら数週間のキャンプが終わると、いよいよリーグ戦の開幕までの最終調整に入る。新シーズンの幕開けに合わせてモチベーションビデオを作成し披露することもある。

次にシーズン後の話に移ろう。紆余曲折ありながら1年という長いシーズンを終え、チームも選手もつかの間の休息に入るのが12月から1月であり、この期間をシーズンオフと言う。契約交渉が行われる時期で、来季に向けた準備が着々と進められる。

アナリストは、まずシーズンの振り返りをまとめる。数カ月おきに行っていた「まとめ」を1年単位に広げ、今シーズンの成果と課題を明確にし、来シーズンへと繋げる。アナリストが独自に行うこともあるが、監督が来年も同じであれば共同で行うこともある。それは単に勝ち負けの評価だけではなく、攻撃と守備において細かく細分化し「局面」ごとに分析することが重要だ。

1年を総合してまとめるため、統計的な視点も必要となる。例えば自陣での攻撃におけるパスや、敵陣での攻撃におけるクロスの質、自分たちのコンセプトの浸透度合いを測ることもある。ポゼッション率はリーグ内でどれくらい高かったのかを調べ、それを時間帯別に分けると前半のキックオフから15分までは相手より下回っていて、立ち上がりを詳細に分析する必要があるとわかるかもしれない。独自に取得した「ゾーン」のデータから、その時間帯はゾーン2の割合が高く、自陣での攻撃に問題があると紐づけられることもある。

各局面における基準値や目標値に届いていたもの、そうでないものに分類し、翌年のキャンプでそれを補うような施策を考える。膨大な量になるかもしれないが、シーズンオフは時間があるためブレイクダウンを繰り返し、詳細なまとめを作り上げる。それをもとに来シーズンへの足場を組むことはもちろん、課題を解決するために新しい選手の獲得に動く場合もある。つまり、強化部やスカウト部のサポートにも繋がるということだ。1月に迎える新体制でのスタートに向けて、アナリストは陰ながらシーズン前からシーズン後まで絶えず動き続けている。

Method 7　Digital Tool Knowledge

アナリストが駆使するデジタルツール

アナログだけでもデジタルだけでも不十分

この章では、実際に私が使用している各ソフトウェアを紹介していきながら、その用途を深堀りする。インプットとアウトプットの質がどれほど上がるのか。そもそもどういった種類があるのか。知見が広がれば幸いだ。

デジタルツールの使用は、時代の流れとともに進化を遂げてきた。例えば、相手をスカウティングする時。以前はスタジアムや練習場へ赴いて、メモ等の紙に手書きで記録し、口頭で味方に伝えていた。それが今では、試合を映像として記録し、パソコン上のWordやExcelでまとめ、携帯やタブレットなどのデバイスで容易に共有できる。デジタルの活躍が目立つとアナログを軽んじる傾向が出てきてしまうが、それは違うと断言しておきたい。どちらかに偏った考え方を持つのではなく、双方を活用できるのが一流のアナリストだ。見映えよく加工できても映像やデータが何を表しているかを話せなければ意味がなく、サッカーがわかっていても話し方がおぼつかなかったり、見せ方が自分目線であれば内容が聞き手の頭に入らない。以前、アナリストを目指すインターン生にこう助言したことがある。

「用意されているデータではなく、アナログでもいいからまずは自分でデータを取得して、そこから考察する訓練をした方がいい」

デジタルから入りがちな学生だからこそ、アナログの重要性を訴えた。アナログから始めると、データを正確に取得するためにサッカーを集中して見るようになり、考察するために足りないデータが出てくる。また、他人に説明しようとするには数字を羅列するよりも、デジタルを使って見やすくした方が良いと気づく。繰り返すが、デジタルを使いこなせることが大事なのではなく、アナログとデジタルの双方を理解していることが重要なのである。このことを頭に入れながら、具体的なデジタルツールの使用法へと話を進めていこう。

アナリストの1週間にみるデジタルツールの使い方

デジタルツールにはいくつも種類がある。ここに記すものがすべてではないが、アナリストの1週間に沿いながら展開してみよう。相手の分析を行う試合前から、試合当日の動き、試合後に行う振り返りという実際の流れに沿って、ツールを使った具体例を出していく。

まずは監督やコーチ陣と共有する相手を分析したレポートを作成しなければならないが、そこには様々な方法がある。例えば、手書きで記したスカウティングレポートをコピーして渡すアナログな方法もあれば、Excel や Keynote 等でまとめてファイルで渡すデジタルな方法もある。私はパソコンの Mac を使用して Keynote でまとめていた。

同時に作成するのは、レポートをもとにした映像だ。1試合90分の映像から「自陣での攻撃」や「敵陣での守備」のように局面ごとに切り抜いていく。切り取りは iMovie のような簡易映像編集ソフトでも、Adobe Premiere のような専門的なソフトでも可能である。また、試合映像を見ながら効率よく作業を行える Dartfish や Sportscode も有効だ。実際に私が使用している後者を例に主な機能を挙げてみる。

まず切り抜きで使うのは「タグづけ」と呼ばれる機能だ。「タグ」とは何かというと、付箋のようなものである。本を読んでいる時に気になったページに付箋を貼るように、映像を見ている時に気になったシーンにタグをつけておく。それが目印となり、後から見返したい時に簡単に見つけられる。例えば、「自陣での攻撃」という項目を設定して、そのタグをリアルタイムで映像に打っていけば、その部分のみ映像クリップとして抽出し書き出せる仕組みだ。これをKeynote上に貼りつけることで、映像つきのスカウティングレポートを作成できる。

仮にタグづけを行っていなかった場合、何が起こり得るのか。例えば、監督やコーチから「相手の守備の弱点がわかるような映像を出してくれ」と言われた後に90分もある試合映像から引っ張り出そうとすると、自分の記憶を頼りに映像を確認するか、再度見直さなければならない。それがどれだけ非効率的かわかるだろう。

一方であらゆる事象をタグづけしておけば、一発で需要に応えられなくても、それに近いカテゴリー、この例なら「自陣での守備」から検索し、即座に見つけ出せる。「中2日」で作業をこなしていく過程において、わずかな時間の「ロス」の差は大きな違いを生み出す。

次に全員を集めてのスカウティングミーティングを行う際に必要となってくるのは、タグづけで切り出した映像をまとめたものだ。といっても単に映像クリップと映像クリップを繋ぐだけではなく、テキスト、丸や線などを入れ込むエフェクト編集が必要となる。それを可能とするのはAdobe Premiere、Coach PaintやPieroなどがある。一般的な映像編集ソフトとしても知られるAdobe Premiereはテキスト、丸、矢印などを容易に作成でき、トランジションと呼ばれるクリップ間の切り替えを視覚的に変えられる。一方、Coach PaintやPieroの特徴は、映像上の選手を追いかけてマーキングしたり、そのスピードを表示させることができたり、選手を切り抜いて別の場所へ動かすこともできる。

スカウティングミーティング用の映像と同時に作るのは「個別対策用の映像」だ。例えば相手のCFの特徴を捉えた映像や、ウイングやサイドハーフのドリブルの癖をまとめたものなどが該当する。まとめ方は同じだが、こちらは素材集めから始まる。そのために使用するのがWyscoutやInStatのサービスだ。彼らは世界各国の選手とチームのデータベース化を行っており、簡単に対象の映像を検索できる仕組みをユーザーに提供している。インターネット上でシュートやドリブルのような項目を絞って検索すると、対象選手の癖を探し出して映像集としてまとめることも容易となる。

もちろん、各選手のプレーデータは自分でもタグづけが可能だ。そこから検索して見つけ出すこともできる。しかし、自チーム以外の選手のプレーデータまでタグづけしていくのは相当な時間がかかるため、こうしたサービスを使って「効率化」を図る。繰り返すが、アナリストが「中2日」を乗り切るためには、無駄な時間を極力減らさなければならないからだ。

トレーニングでも使えるデジタルツール

毎日の練習においてもデジタルツールが活躍する。私が実践していた方法としては、Sportscodeでトレーニングを撮影しながら気になったシーンをタグづけし、データ化まで行っていた。例えばクロスからシュートを撃つメニューでは、選手一人ひとりのシュート回数と成功数を記録し、成功率を導き出す。それらをタグづけしているので、即座にその成功例を引っ張り出して選手に見せられるというわけだ。

また、Hudl Replayというサービスでは、ビデオカメラ、パソコン、タブレットを無線で繋げられるため、ビデオカメラで撮影してパソコン上でタグづけした映像を別の場所にあるタブレットで即時に確認できる。トレーニング中に映像で確認できるため、選手に口頭で説明するだけでなく、映像を見ながら修正を行える優れたサービスだ。

こうしたトレーニングを分析する文化は、まだまだ日本では浸透していないように思う。その理由の1つには、「中3日」や「中2日」と時間が十分に取れないことが挙げられる。分析やミーティングを毎日のように行っていては選手の精神的負担が大きく、パフォーマンスの低下に繋がりかねないことも理由の1つだろう。それを否定するために、毎日の練習の良かったシーンを取りまとめたハイライトを共有する試みも行ったが、その効果を証明することはできなかったため、まだまだ試行錯誤が必要になってくるだろう。

試合当日にも活躍するタグづけツール

試合当日では試合前にホテルやクラブハウスで最後のミーティングを行うが、そこで使用する映像は、主にAdobe PremiereやSportscodeなどを用いて前日までに完成させる。ただ、それはあくまで「予想」に過ぎないため、試合当日は相手の先発メンバーが分かってから別の試みを行う。

そこで使用していたアプリが、TacticalPadだ。従来は戦術の説明をするにあたって、ホワイトボードとマグネットを使っていたが、このアプリがあればタブレット1つで行える。スクリーン上でマグネットを動かすだけでなく、アニメーションを使用することもでき、一部有料機能があるものの基本的には無料で利用可能だ。TacticalPadを使って、実際の相手の先発メンバーを当てはめて、自分たちと対戦すればどういう現象が起こり得るのかを選手に伝える。加えて、相手選手の個人対策用映像も確認し、相手の特徴や注意点を整理する。

試合が始まれば、SportscodeやDartfishのようなタグづけできるソフトウェアを使って「リアルタイム分析」を行う。何のデータを取得するか、どこにタグをつけるかはチームの方針によって異なるが、修正すべきシーンが現れた場合は必ず印をつける。タグづけと同時にパソコンに取り込んだ映像をハーフタイムにロッカールームで見せることができるためだ。さらに、試合中もスタンドとベンチを無線で繋ぎ、ベンチ内にあるデジタル機器にリアルタイムで映像を飛ばすことも可能になった。修正すべき点を映像でも確認し、機会があれば監督やコーチが選手に映像を使ってベンチ横で説明する。それが当たり前になる日も近いかもしれない。

修正点をタグづけするだけでなく、データを独自に集計することも可能になる。例えば自チームがボールを持っている時と相手チームがボールを持っている時をそれぞれ記録することで、互いのポゼッション率を自動で出すこともできる。あるいは、私が独自に記録している「ゾーン」の割合が自動で出るようなプログラムを作り、そのデータをもとに考察の幅を持たせることも可能だ。自分が目で見ている主観的な印象だけでなく、客観的なデータをコーチ陣と共有することで、ハーフタイムに指示する内容を精査できる利点もある。

「相手の最終ラインの裏にもっと仕掛けよう」と言うのと、「いつもよりゾーン4の割合が10％落ちているが、ゾーン3の割合は15％増えている。あとは落ち着いてフィニッシュの精度を上げよう」と言うのとでは、受け取る側の行動が異なってくる。前者は攻撃のすべてがうまくいっていないようにも感じ取られ、受け取った側は最後尾から最前線に向けて適当にロングボールばかりを蹴ってしまう危険性すらある。一方で後者はどこまでがうまくいっていて、どこからが足りないのかがはっきりしている。ゾーン3に入るまでの過程は崩さずに、そこからのアイディアをどうするか全員で話し合うことができるだろう。

データの取得と使い方は、慣れないと難しい。そもそも日本サッカー界では、こうしたリアルタイム分析を行っているクラブも数少ないのが現状だ。デジタルツールを使うだけでも意味がないし、データを取得できたことに満足していては目的を達成できない。試合に勝つために行ってきた前日までの準備や予想と比較して、実際の試合ではどこに差分が生まれているのか。それを「何となく」見るのではなく、データも絡めて正確に捉えることが必要だ。

リアルタイム分析は、その最大の目的こそ試合に勝つためのサポートだが、別の用途としても使える。試合の翌日（または2日後）に行う振り返りに使う素材を用意できる点だ。90分を丸々見返す場合は必要ないが、試合中にタグづけして良かったシーンや悪かったシーンを取り上げ、ハイライトのような形でまとめて振り返り用の映像を作成できる。「中2日」のスケジュールがある以上、いかに効率性を上げるかがアナリストにとって重要である。

とはいえ、リアルタイムのタグづけにも限界がある。選手一人ひとりのデータ取得までは行えないのだ。複数人で分担すれば可能だろうが、さすがに1人では難しい。このデータを細かく取得するためだけに、試合後にもう一度試合を最初から見直す場合もある。

また、試合後に確認するのは独自に取得したデータだけではない。Jリーグ公式ホームページにて表示される走行距離やスプリントの数値なども使用することがある。トラッキングデータと呼ばれるオフ・ザ・プレーのデータと、独自に取得したオン・ザ・プレーのデータを照らし合わせてパフォーマンスを分析し、後に行う振り返りミーティングに生かす。ここまでが、試合当日におけるデジタルツールの活用法だ。

振り返りもデジタルツールの役目

勝つことが試合の目的であれば、その後の目的は何か。次の試合に勝つために前の試合で起こった修正点を確実に改善することである。

まずは監督やコーチ陣のみで行う振り返りでは、良かった点と悪かった点を整理。前者の伸ばし方や後者の直し方を考察する。リアルタイム分析でタグづけした素材をもとに行う監督もいれば、90分を全員で見直す監督もいる。アナリストが「自チーム分析」まで担当している場合、この後に担う重要な役割がまとめ映像の作成だ。

私はその映像を10分程度にまとめていたが、振り返り映像の尺の長さは監督によって異なる。そこに正解はなく、勝敗、チームの流れ、監督の志向によって変わる。その最適な尺に収まるようにしながら、攻守の良し悪しを詰め込む。ツールはAdobe PremiereやSportscodeを使うが、完成した映像をミーティングだけでなく各選手が再度見られるようにクラウドサービスを使うこともある。全体ミーティングでは、選手から見て個人的に気になったシーンが出てきても、次に移ってしまうこともある。自分では映像を止められないため、同じ映像をクラウドにアップして個別に再確認できる環境を作っていた。

振り返りは、チーム全体だけでなく選手個人にも焦点を当てる。それは映像だけにとどまらず、データでも検証する。外部のデータ会社にレポートを作成してもらう場合も、私のように自分でプレーデータとトラッキングデータを集計して、選手一人ひとりのレポートを作成する場合もある。例えばパス数、成功率から縦パスの割合、ボールを失った位置までを数値と図で表す。走行距離や強度の高いスプリントなども同様にまとめていた。これを1人2枚ずつ、遅くとも試合2日後の朝までに用意すれば、選手は直近の試合を映像でもデータでも振り返られる。毎試合提示していたのは、選手のデータリテラシーを高めるためだ。最初は理解できない選手もレポートに目を通し続けることで徐々に数字の見方に慣れ、基準値を把握して次に伸ばすべき点まで見られるようになっていた。

選手の目線になって考えてみよう。自分の縦パスの割合が25％だったとする。それが高いのか低いのか、この数値だけではわからない。ではその横に、「自分の平均値21％」や「自チーム全体の平均値19％」や「リーグ全体の平均値23％」と書かれていたらどうだろう。この試合の縦パスの割合は自分の中でも高く、リーグ全体の平均値すら上回っている。つまり、この部分に関しては自信を持っていいと言える。一方で自チームの数値は低いことから、この選手のデータを一例として、他の選手へ見せることもできるだろう。比較対象が置かれていることで、初めて考察を行うことができる。

これはほんの一例に過ぎず、実際には1選手20〜30項目くらいでExcelを使って構成していた。ただ重要なのは、まとめた後の選手との接し方だ。内容を深く理解してもらえるように働きかけることである。作って終わりでは浸透しないし、作り手が内容を理解していなければ説明できない。データから背景を読み解く力が必要だ。

ここまでアナリストのメソッドを記してきたが、一点だけ誤解がないようにお伝えするとすれば、これらの手法は特定のクラブや監督の情報を反映したものではなく、私がアナリストとして活動してきた7年間で実践してきた方法であり知見だ。その点はご留意いただきたい。

Case Study

ケーススタディ
第１００回天皇杯決勝分析

数字で読み解く2チームの特徴

新型コロナウイルスの影響により、第100回の天皇杯はJ1リーグの1位と2位が準決勝から参加し、下位カテゴリーのチームと対戦する変則的な大会となってしまった。結果的に、決勝へ勝ち上がってきたのはともにJ1クラブとなった。

ファイナリストの川崎フロンターレとガンバ大阪は、ともに準決勝を2対0で勝ち上がり、中4日で元日を迎えた。私も天皇杯の決勝を経験したが、元日に試合を行える高揚感は何とも言えない感覚だったのを覚えている。両チームの関係者も同じだったのではないだろうか。事前の準備としては、互いに相手の準決勝やリーグ戦の最終節などを分析したはずだ。それを踏まえて、相手の対策を講じながら4日間を費やしたに違いない。

川崎はリーグ戦で最多得点数とリーグで2番目に少ない失点数を記録し、2年ぶりの優勝を果たした。G大阪は上位5チームの中で最も得失点差が少なかったことからもわかるように、接戦を手堅く勝ち切ることで2位の座をつかんだ。彼らのリーグ戦における戦いぶりを、私が独自に集計していたいくつかのデータを交えながら簡潔にまとめておこう。

まずは川崎から。得点数に加えてシュート数や枠内シュート数でも1位を記録し、さらにペナルティエリアへの侵入数も1位となっている。遠目からシュートを放つだけでなく、相手のゴールに近いエリアまで入り込めているからこそ、ゴールが数多く生まれた。得点数を15分ごとに見てみると、最初の15分では4ゴールしか生まれておらず、スロースターターであることがわかる。慌てずにボールを握りながら、相手の弱点をしっかりピッチ上で見極めつつ押し込むスタイルが特徴だ。基本的にボールを握る時間が長いため、守備は失ってからいかに早く奪い返せるかに重きを置いている。奪い返せなかった場合は、ボールより後ろに戻って形を整える。この判断がチーム全体の共通認識の中で行われており、90分間大崩れしないのが特徴で、ラストの15分の失点が3点しかないのは特筆すべき点だ。

一方のG大阪は、川崎の約半分の得点にとどまったものの、安定した守備をベースに速攻と遅攻を使い分けながら勝ち星を重ねた。残り30分での得点数20は全体の43%となり、こちらも尻上がりに攻撃力が増していく印象だ。1試合の平均ボール支配率が50%を下回っていることや、タックル、クリア、インターセプトのような守備アクションの回数が軒並み上位に位置していることから、まずは守備を重視していることがわかる。以前のG

大阪は、攻撃に重きを置いていたと言ってもいい。得点数でも上位となり、得点王を生み出すチームでもあったからだ。しかし、2020年シーズンのチーム内得点王であるパトリックは9点で、これはリーグで16位タイ。スタイルが変化したとも言えるだろう。

これらを踏まえれば、川崎が攻めてG大阪が守る構図となるのは想像しやすい。では、紹介してきた試合の見方に沿いながら、具体的に分析した内容を記してみよう。

0～15分の展開

15分ごとに精査しながら、4つの局面ごとに分析していく。まずは互いのシステムやメンバーを確認しておこう。川崎は準決勝と同じ4―3―3をベースにしていた。対するG大阪は準決勝ではケガの影響でスタートから出られなかった宇佐美貴史を先発に抜擢し、5―4―1を採用してきた。

まずは、川崎にとってこれが想定内だったのかどうか。最初の15分におけるポゼッション率は他の時間帯に比べて低く、相手に持たれるケースも多かった。右サイドでフリーキッ

川崎フロンターレ	1	0	ガンバ大阪
	0	0	
55' 三笘	1	0	

	ポゼッション率(%)		ペナルティエリア侵入数(回)		チャンス数(回)		流れからのシュート数(本)	
時間帯(分)	川崎	G大阪	川崎	G大阪	川崎	G大阪	川崎	G大阪
0〜15	59	41	3	0	3	0	2	1
15〜30	71	29	6	1	6	1	6	1
30〜45	75	25	3	0	1	0	2	0
45〜60	70	30	2	0	3	0	4	0
60〜75	70	30	3	1	2	0	2	0
75〜90	25	75	2	5	5	4	5	5

※データは著者が集計

クを与えたシーンが象徴的で、オフサイドにより失点は免れたが、リズムを作れなかった。

・川崎の「自陣での攻撃」とG大阪の「敵陣での守備」

その要因となったのは、単にG大阪のシステムだけではない。彼らが敵陣からプレスをかけて相手のミスを誘っていた時間帯だからでもある。具体的には、G大阪の右WBに起用された小野瀬康介は川崎の左サイド、旗手怜央と三笘薫の両方を見るために上下動を繰り返し、ボランチの矢島慎也や山本悠樹も積極的に前に出て相手にロングボールを蹴らせていた。その連動は明らかに準備していた守備の形で、体力のある試合序盤に仕掛けてきた。

一方の川崎はリーグ戦と同様に、相手の対策にも慌てずにパスを回し、中盤の3枚に配置された守田英正、田中碧、大島僚太が立ち位置を変えながら敵陣にボールを運べるよう工夫を続ける。彼らは常に首を振っていて、どこにスペースが生まれるのか、どこならボールを受けられるのかを模索していた。この川崎の強みが、のちにG大阪を押し下げる要因ともなった。システムの噛み合わせを見ると、川崎の中盤3人に対してG大阪のボランチは矢島と山本の2人。1人多いからこそ、「余っている選手」がどこにいるかが重要だ。いち早く気づいたのは大島だった。動き過ぎず山本とCBの間に位置取り、首を振って後ろから相手のCBが来るのか来ないのかを確認していた。CBは大島に対応しなかったため、山本が下がらざるを得ず、結果的にチーム全体が押し下げられてしまう要因となった。

・川崎の「敵陣での攻撃」とG大阪の「自陣での守備」

相手を下げさせることに成功した川崎は敵陣でボールを握りながら、どこを突こうかと考えていた。4バックも想定していたと思うが、G大阪は5バックで臨んできた。そうすると三笘と家長昭博の両ウイングはG大阪のWBに対応され、レアンドロ・ダミアンの周りにはCBが3人もいる。実際に彼ら3トップは、ボールを受けて前に仕掛けることがなかなかできなかった。そこで、ボランチを務める大島や田中が後ろから走り込み、相手のラインとマークのズレを誘発しようと動き出した。ジェジエウからのロングフィードに対して田中がスプリントしたシーンは典型だ。これによってG大阪の最終ラインはショートパスだけでなく、背後へのロングボールも警戒せざるを得なくなった。

さらに家長はポジションを中へ移動。右SBの山根視来を前に上げることで相手の混乱を招こうとした。ただ、この時間帯におけるG大阪の守備陣は落ち着いて対応していたため、それも想定内の動きだったのだろう。家長や大島がボランチの背後で受けても、CB陣は慌てて出ずに静観していたからだ。ただ、時間の経過とともに彼らにも焦りが表れてきた。

・川崎の「敵陣での守備」とG大阪の「自陣での攻撃」

川崎の最も得意としているボールの奪い方は、敵陣で失った後のリアクションだ。それはこの時間帯からも見て取れた。3トップに加えて3人の中盤と両SBも高い位置を取って人数をかけ、失った後のリアクションを早くすることで相手に時間を与えない。

G大阪の守備時のフォーメーションは5―4―1。マイボールになっても前線にはパトリック1人しかおらず、彼がロングボールに競り勝ったとしてもその次を拾えない状況が生まれていた。ゴールキックもロングボールで対応しており、同様の展開が続く。本来はもっとゆっくりボールを回して、少しでも守備をする時間を減らしたかったのだろう。しかし、川崎がプレスを緩めなかったため、圧力を感じてはバックパスを繰り返し、GK東口順昭まで戻してロングボールを蹴り出すサイクルに陥った。

・川崎の「自陣での守備」とG大阪の「敵陣での攻撃」

G大阪の右サイドは小野瀬と倉田秋、左サイドは藤春廣輝と宇佐美が担当していた。この関係性でボールをキープしながら、最後はパトリックへボールを送るプランだったのかもしれない。フリーになることが多かった小野瀬や藤春はともに「パス&ゴー」を得意とするタイプで、テクニックがある倉田や宇佐美にボールを預けて自らは相手のSBの裏を狙う形は、立ち上がりから見えていた。ただ、ボールを握る時間を増やしたいがために、縦に急ぐよりは後ろで回そうとしたのが好転しなかった要因だ。背後へのランニングがSBのみとなってしまい、バックパスが増えることで川崎の最終ラインは怖さを感じなくなっていった。事実、この15分間でG大阪は一度も相手のペナルティエリア内に入れていない。

15〜30分の展開

それでも、キックオフから数分間はG大阪にとって想定内。守備でも攻撃でも大きな問題とは考えていなかったと思われる。そこから変化の兆しが見えたのが15〜30分。G大阪の選手たちの「指示」や監督の「仕草」にその様子が表れていた。

・川崎の「自陣での攻撃」とG大阪の「敵陣での守備」

この時間帯になると、川崎が自陣で繋ぐことは少なくなる。理由はG大阪が前からの守備を減らして、後ろに重心を置き始めたから。本来であれば、彼らは最初の15分で見せたようにアグレッシブにボールを奪いに行きたかったはずだが、川崎の立ち位置の変化によって難しくなってしまった。ボール支配率やシュート数を見ても川崎の優位は明らかで、それぞれ71％対29％、6対1と相手を圧倒している。この展開はG大阪にとって想定内のはずがない。実際にG大阪の宮本恒靖監督も幾度となく顔を下に向けていた。

・川崎の「敵陣での攻撃」とG大阪の「自陣での守備」

この構図で、川崎は最初の15分と同様に、ショートパスとロングパスの両方を使い分けながら、数多くの決定機を作る。田中が相手DFラインの背後へのランニングで起点を作って中央突破を狙ったシーンや、ジェジエウが送ったロングフィードをレアンドロ・ダミアンがシュートに持ち込んだシーンが象徴的だ。対応を迫られたG大阪はこの時間帯に設けられた飲水タイムで、「守備」に関して指示を飛ばしたのではないだろうか。給水に戻る選手たちの振る舞いから推測してもそうだったと想像する。また、G大阪のボランチは背後にボールを入れられても焦る様子はなかったが、CBの高尾瑠は間を締めてほしいような指示をボランチに向けてしており、彼らの温度差も気になった。こうした微妙なズレから失点まで至ってしまうことは往々にして起こり得る。

・川崎の「敵陣での守備」とG大阪の「自陣での攻撃」

川崎が敵陣での攻撃を繰り返したことで、G大阪は自陣での攻撃が増えた。それはゴールキックに加えて流れの中からのプレーも同様だ。この試合で初となる形でショートパスからビルドアップを行ったが、2回中2回とも失敗してしまう。自陣内でボールを失ってショートカウンターを受けてしまったり、相手にスローインを与えてしまった。ただ、最初のビルドアップでは、突破まであと数歩に迫っていた。川崎の中盤3人が誰を捕まえるかを明確にできなかったからだ。山本を見ていた大島は、後ろを振り返ってようやく矢島がフリーになっていることに気づく。アプローチが遅れ、ボールを受けた矢島に簡単に前を向かれてしまった。縦へのランニングとパス出しがあればG大阪は「敵陣での攻撃」にフェーズを移せたシーンだったが、矢島は藤春の利き足ではない右足にパスを出してしまい、またしてもバックパスを選ばざるを得なくなった。これが原因で、三笘の決定機に繋がってしまう。G大阪のミスが目立ったが、川崎にとっても修正点があった。

・川崎の「自陣での守備」とG大阪の「敵陣での攻撃」

G大阪が最初の15分で見せた攻撃のプランが、ようやく実を結んだのは25分を過ぎた頃。右サイドの倉田と小野瀬の連係から、クロスボールをパトリックが頭で合わせたシーンだ。逆サイドのWBである藤春もペナルティエリアにフリーで侵入できており、シュートまで至ったことも含めて狙い通りだったはず。ただ、彼らが前半で作れたチャンスはこの1回のみ。迫力のある攻撃を繰り返せなかったのは、宇佐美や倉田が下がって受けることが多く、パトリックが孤立してしまうからだった。

30～45分の展開

前半の半分を過ぎ、G大阪の監督や選手らは攻守において不安を抱き始めただろう。開始15分で見せたアグレッシブさを失い、得点を奪うプランが通じていなかったからだ。

・川崎の「自陣での攻撃」とG大阪の「敵陣での守備」

だからこそ、この時間帯に入ってからG大阪は敵陣で3回アグレッシブに奪いに行った。しかし、3回とも失敗に終わる。1回目はGKチョン・ソンリョンから田中にボールが渡ったシーン。CBのキム・ヨングォンが敵陣まで出ていって対応したが、ターンでかわされて運び出されてしまう。あとの2回では、意識の差が浮かび上がる。川崎の左SB旗手がボールを持ったシーンと、CB谷口彰悟がボールを持ったシーンだ。彼らはGKにボールを下げることもできる状況で、あえて前にパスを出す選択をした。G大阪はパスを下げ続け、ロングボールを蹴ってボールを失うシーンが多かったが、川崎は果敢に繋いできた。彼らの縦パスを奪えなかったG大阪は75％ものボール保持率を許すことになった。

・川崎の「敵陣での攻撃」とG大阪の「自陣での守備」

敵陣での守備が成功しなかったG大阪は、この時間帯でも自陣での守備に大半の時間を費やした。5枚の最終ラインは背後のケアを優先。縦横無尽に動く相手の3トップを深追いせず、形を崩さないようにした。それは「耐える」という意味では成功した。11人がボールより後ろに下がって人数をかけて守り、相手に許したチャンスは1回のみ。ただ、川崎がその攻撃のパターンを変えつつあったことを見過ごすわけにはいかない。ジェジエウや守田がロングフィードを繰り出していたような、背後への抜け出しを狙う形を止めたのである。相手に背後への意識を植えつけられたからなのか、あるいはボールを失ってもすぐに奪い返していつも通りにショートパスから崩せると目論んだからなのかはわからない。いずれにしても、川崎にとってあとはゴールを奪うだけだった。長い間テクニカルエリアで指示を出していた鬼木達監督は、このタイミングで時計を見ながらベンチに戻って約5分間にわたってコーチ陣と話し合っていたが、その方法を検討していたのだろう。

・川崎の「敵陣での守備」とG大阪の「自陣での攻撃」

15～30分では中盤3人の「マーキング」に問題があった川崎だが、即座に対応を見せる。G大阪がGK東口からビルドアップを開始した瞬間、大島と田中が相手の両ボランチを抑え、守田は宇佐美を監視する。川崎が敵陣でボールを奪ってマイボールにした何気ない1シーンだったが、彼らの「対応力」が表れていた重要なシーンだった。逆にG大阪は度重なる失敗が響き、以降ボールを持った東口はすべてロングキックを繰り出していた。これも川崎が75％のボール保持率を記録した要因だろう。

・川崎の「自陣での守備」とG大阪の「敵陣での攻撃」

G大阪は25％しかボールを持てなかったため、敵陣での攻撃回数は少なかった。特に改善の余地があったのが、選手間の意思疎通だ。唯一相手の深いエリアに入れそうだったシーン。ボールを持った山本のもとへ倉田が近づいており、時間を作る意図が見えたが、山本は難しいロングレンジのサイドチェンジを選択する。ボールは案の定ゴールラインを割ってしまい、相手に渡ってしまった。敵陣での攻撃における優先順位が選手間でばらついていたため、ハーフタイムで話し合ったのではないかと想像する。

45〜60分の展開

ハーフタイムで両チームの監督が出した指示は外部にはわからないが、前半の内容を踏まえると、ともに「敵陣での攻撃」に関する指示が多かったかもしれない。決勝である以上、得点を取らねば優勝できない。川崎は継続、G大阪は変化と調整がカギとなったはずだ。

・川崎の「自陣での守備」とG大阪の「敵陣での守備」

ところがG大阪は敵陣での守備における改善が見られなかった。前半の立ち上がりと同様にアグレッシブに奪いに行くが、2回とも失敗に終わったのである。パトリックがチョン・ソンリョンまでプレスに行ったものの、後ろに味方が続かず簡単に繋がれてしまったシーンと、ワンタッチパスで家長に裏を突破されたシーンだ。前半で起きた現象をそのまま再現するような振る舞いだったため、ハーフタイムの指示は攻撃の修正がメインだったのかもしれない。川崎からすると、この2つの成功体験によって「継続」の必要性をより感じ、再び「敵陣での攻撃」に焦点を絞ることができたはずだ。

・川崎の「敵陣での攻撃」とG大阪の「自陣での守備」

そこからしばらく川崎のセットプレーが続く。G大阪は守備のセットプレーにおいて全員が戻る。なかなか自陣から脱することができなかったものの、失点は免れた。そして、東口がボールをセットする前に宮本監督は倉田を呼び、システムを5―3―2に変更。宇佐美を一列前に出し、中盤を右から山本、矢島、倉田の3枚に変更したのである。その後ハーフウェイライン付近でファウルの判定があり、守田が足を痛める。試合が中断されたこの時、宮本監督はさらにキム・ヨングォンに対して指示を出していた。それはCBでありキャプテンの三浦弦太へと伝えられていたが、その内容はピッチ上からは読み取れなかった。システム変更か守備のやり方の指示だったのかもしれない。これが要因かはわからないが、その後のプレーでそれまで整ったラインを見せていた5バックが、この一瞬だけバラバラになってしまう。ある選手は前に出て、ある選手は背後をケアしていた。奇しくも、ここで失点を喫してしまうのだからサッカーは難しい。内情を知ることはできないが、もしこの指示が原因だとすれば悔やんでも悔やみきれないだろう。

・川崎の「敵陣での守備」とG大阪の「自陣での攻撃」

川崎は守備にも継続性があった。得点を奪った後も、最前線のレアンドロ・ダミアンがプレスをかけ、なるべく高い位置で奪おうと全員が連動していた。さらに、相手のシステム変更を察知していたかは不明だが、またしても中盤の3枚は対応力を見せる。特に大島は自分を監視する相手がいないことに気づき、首を振って周囲の状況を読み取りながら後ろの選手へマークを切り替えた。さらにロングボールを蹴られた後のセカンドボールを回収するサポートも行い、的確なポジショニングを続けていた。

・川崎の「自陣での守備」とG大阪の「敵陣での攻撃」

この時間帯で、G大阪が敵陣で攻撃を仕掛けるシーンは1回もなかった。多くのセットプレーやゴールが生まれたのはもちろん、「自陣での攻撃」が成功せず、ロングボールのセカンドボールを拾われ続けたのも原因だ。だからこそ、宮本監督は失点する前にパトリックの近くに宇佐美を置き、より攻撃的な配置に修正しようとしたのだろう。ただ、結果的にこの時間帯での効果は現れなかった。

60~75分の展開

試合が動いたが、60分を過ぎても構図は変わらなかった。ボール保持率は川崎が70%を記録し、G大阪にシュートすら許さなかった。

・川崎の「自陣での攻撃」とG大阪の「敵陣での守備」

「敵陣での守備」でよりプレッシャーをかけてゴール付近でボールを奪う狙いもあったはずの2トップへの変更。ところが、そのG大阪の狙いは川崎の守田によって無力化されてしまう。彼は宇佐美の立ち位置を確認すると、ジェジエウと谷口の間に下りて3バックの形を作り、2トップを外しにきたのである。

川崎は得点を奪えたことで、無失点で終われば優勝できる状況になった。気をつけるべきは「自陣での攻撃」で不用意にボールを失うこと。だからこそ、より安全にボールを保持できる方法を選択する必要があったのだが、いとも簡単に解決策を見つけたのである。

・川崎の「敵陣での攻撃」とG大阪の「自陣での守備」

再び敵陣でボールをキープできる状況に持ち込めたことで、川崎は得点前と同様に自分たちの形を再現。鬼木監督は各メディアで「1試合3得点以上」を掲げており、選手たちも1点に満足せず、すぐさま2点目を狙っていた。相手がシステムを変えてボールに対する圧力を強め始めると、最初の時間帯で見せたようなロングフィードも使い始める。家長が逆サイドの裏まで走り込んだシーン、田中がアーリークロスを上げたシーンが好例だ。

G大阪の宮本監督は、この時間帯で最初の川崎の攻撃が途切れた時に藤春を呼んで形を変える。右WBの小野瀬を前に出して4—4—2に陣形を変化させたのだ。後ろを4バックにすることで、中盤の4枚でボールを奪い、2トップを生かそうと考えた。しかし、彼らはボールを奪うシーンをほとんど作り出せなかった。

・川崎の「敵陣での守備」とG大阪の「自陣での攻撃」

4—4—2に変更したG大阪は、「自陣での攻撃」ではまず前線のパトリックにロングボールを送り、その周辺に人を置いた利点を生かそうとした。ところが、ここでもセカンドボールが拾えず、敵陣での攻撃まで持ち込めない。ボールを失うことを恐れ、バックパスが多くなってしまった結果、より相手の圧力を受けてしまった。川崎からするとファーストコンタクトを怠らず、セカンドボールを回収すれば良かったため、守りやすかっただろう。

・川崎の「自陣での守備」とG大阪の「敵陣での攻撃」

この状況を打破するため、G大阪は選手交代を施す。藤春に代えて福田湧矢を投入。同じポジションのより攻撃的な選手を起用した。同時に山本に代わってFWの渡邉千真が出場。左サイドハーフに移っていた倉田をボランチに、宇佐美を左サイドハーフに変更した。この時間帯で初めてとなる「敵陣での攻撃」が実を結びかけたのは、その直後だった。右SBの高尾がグラウンダーのパスを斜めに入れると、ボールを受けた2トップは連係して右サイドを突破。シュートまで至らなかったが、光明が見えた攻撃だった。一方の川崎はアンカーの守田の脇にパスを通されており、システム上の欠点を補う必要性が出てきた。ラスト15分におけるG大阪の猛攻は、そこを川崎が修正し切れなかったことが要因である。

75〜90分の展開

75分までは完全に川崎が主導権を握っていたが、最後の15分間では形勢が逆転する。ポゼッション率はG大阪が75％を記録し、今までにない決定機を数々と作り出した。

・川崎の「自陣での攻撃」とG大阪の「敵陣での守備」

それまで足下で繋ぐビルドアップを披露していた川崎だが、優勝に向けて時間を使う意識が強くなり、ラスト15分における「自陣での攻撃」はすべてチョン・ソンリョンからロングボールを前線に送り込む形を取った。しかし、レアンドロ・ダミアンに代わって投入された小林悠はポストプレーが得意ではないため、ことごとく相手にボールを渡してしまう。G大阪は「敵陣での守備」を強める必要なく、マイボールにできるケースが増えたのである。

・川崎の「敵陣での攻撃」とG大阪の「自陣での守備」

G大阪がボールを握って押し込む形が増えたことで、この時間帯における川崎の「敵陣での攻撃」の多くは奪ってからのカウンターが主となった。相手の陣形が整う前にシュートまで至るケースが増え、家長や途中投入された長谷川竜也らが決定機を迎えたものの、2点目を奪えず相手に勢いを与えてしまう。

G大阪は同点に追いつくため攻撃に人数をかけていた。ボールより後ろに11人が戻っていた前半のような姿はなくなり、いわゆる「攻め残り」も増えていく。

・川崎の「敵陣での守備」とG大阪の「自陣での攻撃」

G大阪はロングボールなどの攻撃が成功しなかったため、この時間帯に入って再び足下で繋ぐビルドアップを試みた。これが奏功し、「敵陣での攻撃」へフェーズを移していく。前半になかなかボールを受けられなかった倉田がより使われるようになる。ボランチに移っていた彼が相手の中盤を引きつけ、その背後のスペースを突くことができるようになった。前半は倉田が下がってボールを受けようとしても、彼が空けたスペースには誰も入らずパトリックが孤立していたが、システム変更により右サイドハーフに入った塚元大や2

トップの一角が下りてきて倉田の動きと連動するようになった。

川崎はリードしてもスタイルを曲げず、ラスト15分であっても「敵陣での守備」を怠らなかった。しかし、G大阪のシステム変更や選手の配置変更によって生じた特徴を封じるには至らなかった。特に、アンカーである守田の両脇のスペースを埋められず、そこで起点を作られてはサイドを変えられ、奪いどころがなくなっていった。田中が少し下がってそのスペースを埋めようとしていたが、そうすると矢島が空いてしまうため、前に行かざるを得ない。その判断には迷いが生じ、それまで見せていた対応力に陰りが見えた。

・川崎の「自陣での守備」とG大阪の「敵陣での攻撃」

ラスト15分においては、4つの局面は重要ではない。より大事になってくるのはメンタリティやバイタリティだ。初めて攻め込まれた川崎の選手たちは、失点しなければ優勝できる意識が徐々にプレーに出始め、これまで行っていなかった「クリアで逃げる」選択が多くなる。75分までに見せていた姿勢とは異なるものだった。

G大阪は同点に追いつけなければ優勝を逃すため、必死に攻める。バイタリティを発揮し、実際に追いつけるチャンスは数多く作り出した。渡邉、宇佐美、福田と立て続けにシュートシーンを作れたのは戦術的な側面だけでなく、相手のメンタリティの問題や自分たちのバイタリティの効果もあったはずだ。「このパフォーマンスを最初から披露していれば…」と言う人がいるかもしれないが、それほど単純ではないと断言しておきたい。ここまで分析してきた通り、試合の流れや両監督による読み合いがあってこそたどり着いた形だからだ。川崎にスペースを与え、より多くのシュートシーンを作られる想定でG大阪が試合を始めるはずがない。宮本監督が用意したプランの中で起こった現象であり、結果的に負けてしまったが、この時間帯で逆転する可能性はあった。4日間という短期間で考え、シミュレーションし、実行に移した手腕は評価されるべきだ。我われはそれを見て楽しむことができただけで十分だろう。鬼木監督もリーグ戦だけでなくカップ戦も優勝して2冠を達成したことは賞賛されるべきだ。内情を知らない我われが彼らの仕事ぶりを批判すべきではない。記念すべき第100回にふさわしい戦いぶりだったし、それを分析できる自分は幸せ者である。もう一度この試合を見返す読者もいるかもしれない。そこで「新しい発見」ができたのであればまた幸いだ。

アナリストの素性や仕事内容を展開してきたが、現代社会は情報や知識の広がりが異常に早いので、今年から来年、来年から再来年にかけてはさらなる新たな試みが行われているだろう。本書に書かれていることもすでに「古い」と揶揄されているかもしれない。私も、サッカー界における変化に素早く対応していかなければならないと痛感している。プロ・アマという立場やアナリストという職種にかかわらず、常にアップデートが求められる。

サッカーアナリストという職業はまだ日本では定着していない。ただ、今後はその認知と仕事の幅が広がると期待している。実際、私がアナリストと名乗る前に比べて、その数や認知度は上がってきている。今後この職業を目指す者がさらに増えてほしいと願いつつ、これからのアナリストに求められる力を3つ記しておこう。

1つ目は5Gなどに代表される「ネットワーク産業への対応力」だ。一口に5Gと言っても、その影響は広範囲にわたる。高速、低遅延、同時接続が可能となり、IoTやICTは急激な発展を遂げつつある。すでにサポーターに向けては、マルチアングルや選手のパラメータ表示、リアルタイムでのデータ更新などが行われている。これらをヒントに、プロの現場でもリアルタイム分析の多様性が増し、それを扱える人材が必要になってくるのは間違いない。ITの知識や活用法を携えているアナリストほど重宝されていくだろう。

2つ目は、こうした新しいサービスやシステムに対する受容力だ。「故きを温めて新しきを知る」とはよく言ったものだが、新しきを知るのを恐れてしまうのも人間である。忙しさを言い訳にして拒絶するより、積極的に取り入れて自ら変革を起こすような心意気が必要だ。私は過去、この世界においてたびたび拒絶を見てきた。致し方ないと割り切っていたが、今後は恐れずに動き出した者が成功をもたらせるだろう。アナリストはサービスやシステムに関しても関連性の高い職種であるため、より必要な力となる。

3つ目は、第三者機関との連携。一見するとサッカーとは関係のない学問に精通している人や団体と融合することで、予想もしなかった新しい手法を見つけ出せる可能性がある。例えば統計学者や数学者らはデータに強く、様々な分析手法をベースに物事の解明に勤しんでいる。彼らとともにサッカーにおけるデータ分析の進化を目指していけば、選手の成長を促すような新しい指標を作ることも可能かもしれない。

これら3つは別々のようで繋がっており、私が考える今後のアナリストに必要な「追加のスキル」である。日本のアナリストたちがこれらを備えた時、あるいはそういう人材が豊富になった時、日本サッカーの発展により貢献できると信じている。アナリストとは、それほど選手やチーム、ひいては組織に影響を与えられる存在だと捉えている。結果に直結する職業であるゆえ、私はこの職種を広めたいと思うし、目指す人を支援したい。そのための本となれていることを願う。

私もプロの世界で働く中で様々な経験をすることができた。勝ちも負けも経験した。そこから得られる学びも多かった。プロになりたての頃は、自分のスカウティングがまったく的外れで、事前に伝えた情報とは異なるシステムで挑まれて敗北したこともあった。その不甲斐なさから対戦相手のアナリストの性格まで調べるほど、徹底的に相手を研究するようになった。失敗を重ねて成長する一方で、コーチから「スカウティング通りだったね」と言われ勝ったこともある。また、クラブ史上初めてカップ戦のグループステージを突破したことも良い思い出だし、別の年ではカップ戦の決勝で負けて準優勝という悔しさも味わった。Jリーグ王者になれた日は一生忘れないし、その翌年の新型コロナウイルス感染拡大による苦悩も心に刻まれたままだろう。

これらの経験が積めたのも、これまで関わっていただいたすべての方のおかげである。今後の私にできるのは、アナリストという職種に対してもっとスポットライトが当たるような働きかけだ。欧州5大リーグのクラブでは3人以上の体制が当たり前になりつつある。もちろん、日本のクラブは海外のクラブと比較すると予算や収益に差があるため、増員に向けて問題が山積みなのも事実だが、国としてW杯で優勝するという目的を掲げている以上、世界の潮流を見過ごすわけにはいかない。アナリストは日本人特有の勤勉さや緻密さを存分に生かせる職業だからこそ、その母数が増えれば増えるほど世界一の力を発揮できると言い切れる。近い将来、優秀なアナリスト集団による日本サッカー界の革新が起こることを祈りつつ、私も関われるようみなさんとともに励んでいく。


最後に、発行に関わっていただいた方と本書を読んでいただいた読者の方へ感謝を申し上げます。

この機会をくださった株式会社ソル・メディアの利重孝夫代表取締役は、私がプロの世界に入る前からお世話になっている方で、「サッカーアナリスト杉崎」の生みの親です。今回、私自身初となる著書を「ここから」出せたことは深い縁を感じますし、感謝しても し切れません。また、フットボリスタ編集部の浅野賀一編集長や足立真俊編集部員とは構成や内容に関して議論を交わさせていただき、そのおかげで私が大事にしている「ストーリー性」を体現できました。本書を素敵なデザインに仕上げてくださった鈴木彩子デザイナーにも、この場を借りてお礼を申し上げます。

そして、本書を最後まで読んでいただいた読者のみなさま。「アナリスト」という存在の価値を、少しでも感じ取っていただけたのではないでしょうか。これを機にアナリストの起用を考えたり、ご自身の思考や発信に生かしていただけるのであれば、これ以上ない幸せです。今後も一緒に日本サッカーを盛り上げていきましょう。本当にありがとうございました。

杉崎　健

杉崎 健 Ken Sugizaki

プロサッカーアナリスト。日本大学卒業後、データスタジアム株式会社に入社。サッカーのデータ分析やソフトウェア開発に携わる。同時に、Jリーグ各クラブへの分析ソフトウェアの販売や、データ分析のサポート、東大ア式蹴球部分析チームの立ち上げに寄与したのち、2014年にヴィッセル神戸の分析担当としてクラブ入りし、2016年にはベガルタ仙台の分析担当に就任。2017年から2020年まで横浜F・マリノスのテクニカルスタッフを務め、2019年にはビデオアナリストとして同クラブの15年ぶりのJリーグ制覇に貢献した。2021年よりアナリストとして培った知識や技術を日本サッカーに還元するため、フリーランスとして活動を開始。Jリーガーのパーソナルアナリストや東大ア式蹴球部のテクニカルアドバイザーとして活動しながら、自身が運営するオンラインサロン【CiP】でアナリスト養成に注力している。

サッカーアナリストのすゝめ

「テクノロジー」と「分析」で支える新時代の専門職

2021年4月27日　第1刷発行

著者　杉崎　健

発行者　利重孝夫
発行所　株式会社ソル・メディア
〒105-0003
東京都港区西新橋2-23-1 3東洋海事ビル9F
☎ 03-6721-5151（販売）

ブックデザイン　鈴木彩子
編集　浅野賀一、足立真俊（footballista）
編集協力　梶 麻美（フットボリスタ・ラボ）
印刷・製本　株式会社シナノパブリッシングプレス

ISBN 978-4-905349-55-6

『footballista』で圧倒的人気のセリエAコーチ、レナート・バルディが複雑化するサッカー戦術を対話形式でわかりやすく解説。人気シリーズ第二弾は、「理論」から「実践」へ――戦術的ピリオダイゼーションのイタリア的展開、ボローニャを立て直したゲームモデル導入プロセス、ボローニャの最先端データ分析・活用法……欧州最先端の現場では何が起きているのか？

モダンサッカーの教科書Ⅱ

セリエA新世代コーチの現場で進む「知られざる革命」

レナート・バルディ with 片野道郎

1,760円
(10%税込)

偽9番、偽SBが生まれる必然。プレー原則で配置と役割を設計する「タスクの時代」の新基準――人気シリーズ第三弾のテーマは、ポジション進化論。新時代のGK像、「レジスタ化」するCB、多様化するSBと20のタスク、変質したセントラルMFの役割、5レーンに適応した「2列目」の再構成、偽9番の意味……未来のポジション論を徹底考察！

モダンサッカーの教科書Ⅲ

ポジション進化論

レナート・バルディ with 片野道郎

1,760円
(10%税込)